Virginie Cassidy

STUDENT ACTIVITIES MANUAL

ANSWER KEY

for

CHEZ NOUS

BRANCHÉ SUR LE MONDE FRANCOPHONE

MEDIA-ENHANCED
Fourth Edition

Mary Ellen Scullen
University of Maryland, College Park

Cathy Pons
University of North Carolina, Ashevil

Albert Valdman
Indiana University, Bloomington

PEARSON

Boston   Columbus   Indianapolis
New York   San Francisco   Upper Saddle River
Amsterdam   Cape Town   Dubai   London
Madrid   Milan   Munich   Paris   Montreal   Toronto
Delhi   Mexico City   São Paulo   Sydney
Hong Kong   Seoul   Singapore   Taipei   Tokyo

Executive Acquisitions Editor:	Rachel McCoy
Senior Digital Product Manager:	Samantha Alducin
Digital Product Manager:	Bill Bliss
Media Coordinator:	Regina Rivera
Production Project Manager:	Manuel Echevarria
Project Manager, codeMantra:	Francesca Monaco
Senior Art Director:	Maria Lange
Editorial Assistant:	Lindsay Miglionica

For Pearson World Languages

Senior Vice President:	Steve Debow
Editor in Chief:	Bob Hemmer
Director of Market Development:	Kristine Suárez
Senior Marketing Manager:	Denise Miller
Customer Experience Program Manager:	Mary Reynolds
Director of Program Management:	Lisa Iarkowski
Director of Project Management:	Paula Soloway
Senior Managing Editor:	Mary Rottino
Associate Managing Editor:	Janice Stangel
Marketing Associate:	Millie Chapman
World Languages Consultants:	Yesha Brill, Silvana Falconi, Jessica Garcia, Amy Hughes Maxwell, Mellissa Yokell

www.pearsonhighered.com

ISBN 13: 978-0-205-93674-8

ISBN 10: 0-205-93674-1

Chapitre préliminaire : Présentons-nous !

P-1

1. e
2. h
3. b
4. a
5. g
6. c
7. f
8. d

P-2

1. c
2. a
3. d
4. b
5. e

P-3

1. b
2. c
3. c
4. d

P-4

1. a
2. b
3. a
4. b
5. a

P-5

1. 1+
2. 1+
3. 1
4. 1
5. ?
6. 1

P-6

1. C'est
2. Ce sont
3. C'est
4. Ce sont

P-7

1. es
2. sont
3. êtes
4. suis
5. sommes
6. est

P-8

1. nous sommes
2. Il est
3. Ils sont
4. je suis
5. Elle est
6. je suis

P-9

Answers will vary. Possible answers should include the following:

1. Ils sont de/d'…
2. Il/Elle est de…
3. Je suis de…
4. Nous sommes de…
5. Il/Elle est de…
6. Il/Elle est de…

P-10

1. même origine
2. origine différente
3. origine différente
4. origine différente
5. même origine
6. origine différente

P-11

1. moi / nous
2. lui / eux
3. elle
4. toi / vous
5. eux

P-12

1. moi, je ne suis pas
2. eux, ils ne sont pas
3. elles, elles ne sont pas
4. vous, vous n'êtes pas / nous, nous ne sommes pas
5. nous, nous ne sommes pas / vous, vous n'êtes pas

P-13

1. Oui, c'est elle.
2. Oui, c'est moi.
3. Oui, ce sont eux.
4. Oui, c'est nous.
5. Oui, ce sont elles.
6. Oui, c'est lui.

P-14

Answers will vary.

P-15

1. de Paris
2. en forme
3. de Marseille
4. très bien

P-16

Answers will vary.

P-17

Answers will vary.

P-18

1. d
2. c
3. a
4. e
5. f
6. b

P-19

1. g
2. d
3. h
4. c
5. b
6. e
7. a
8. f

P-20

1. d
2. c
3. d
4. a
5. b
6. d

P-21

1. professeur
2. étudiant/e
3. professeur
4. étudiant/e
5. étudiant/e
6. professeur

P-22

1. la fenêtre / la porte / le livre / le cahier / la carte
2. la fenêtre / la porte / le livre / le cahier / la carte
3. la carte / l'affiche
4. en français
5. Écrivez / Effacez / Répétez
6. Parlez / Répondez / Répétez / Écrivez / Lisez
7. les devoirs / les cahiers / les crayons / les stylos / les livres

P-23

1. Langlois
2. Rousset
3. Lécuyer
4. Castelain
5. Ampère
6. Quentin

P-24

1. e
2. è
3. e
4. é
5. é
6. è
7. é, è
8. é

P-25

1. masculin
2. féminin
3. masculin
4. masculin
5. féminin
6. masculin

P-26

1. c'est le crayon
2. c'est la règle
3. c'est la calculatrice
4. c'est le cahier
5. c'est la gomme

P-27

1. le
2. le
3. l'
4. un
5. Le
6. une
7. un
8. une
9. un
10. une

P-28

1. Voilà la règle.
2. Voilà le livre de français.
3. Voilà la gomme.
4. Voilà le stylo.
5. Voilà le cahier.
6. Voilà le crayon.

P-29

1. 1
2. 1+
3. 1+
4. 1
5. 1+
6. 1+
7. 1
8. 1

P-30

1. les cahiers
2. les affiches
3. les stylos
4. les crayons
5. les CD
6. les gommes

P-31

1. a
2. a
3. c
4. a
5. c
6. a

P-32

1. des affiches
2. des stylos
3. des bureaux
4. des ordinateurs
5. des cahiers

P-33

Selected items: un sac à dos, des cahiers, un ordinateur, des stylos

P-34

1. *Selected items*: des cahiers, des crayons, un livre, une gomme
2. *Selected items*: des cahiers, des stylos, des crayons, une calculatrice, une gomme
3. *Selected items*: une carte de France
4. *Selected items*: un lecteur CD, des stylos

P-35

Selected items: des livres, des cahiers, des gommes, des stylos

P-36

Answers will vary.

P-37

Answers will vary.

P-38

1. type ; coloris (*color*) ; dimensions ; couleur (*color*) ; artiste (*artist*) ; paquet (*packet*) ; nylon ; compartiments (*compartments*) ; frontales (*frontal*) ; magiques (*magic*) ; super
2. fluorescent markers
3. backpacks; notebook; unit or item
4. pockets, pouches

P-39

Answers will vary.

P-40

1. d
2. g
3. i
4. c
5. h
6. f
7. j
8. a
9. e
10. b

P-41

1. en Europe
2. en Afrique
3. en Afrique
4. dans le Pacifique
5. en Amérique du Nord
6. en Afrique
7. dans le Pacifique
8. en Europe
9. dans le Pacifique
10. en Afrique

P-42

1. a hollow circle made up of five different colors
2. Paris
3. Abdou Diouf
4. *Answers will vary but may include*: Belgique, Bénin, Burundi, Cambodge, Canada, Congo, Égypte, France, Haïti, Mali, Maurice, Tchad...

5. *Answers will vary*: AIF: Intergovernmental Agency for Francophony; AUF: Agency of Francophone Universities; TV5: international TV station in French; Senghor University in Egypt for African business professionals; AIMF: international association of Francophone mayors. APF: Parliamentary Assembly of Francophony.

P-43

Answers will vary but may include:

1. the Arch of Triumph, the Eiffel Tower, the Place de la Concorde, the Luxembourg Gardens, the Opera (Palais Garnier), the Sorbonne—all in Paris
2. France, Belgium, Switzerland, Canada, North African countries, West African countries
3. driving a car, playing the harmonica, dining in a restaurant, making a toast, bike racing, picking a lobster, playing boules, having tea, sitting in a park, kissing, creating art or a craft, going to school and to work, shopping at a market, skating, buying flowers, having a potluck, riding a motorbike
4. *Answers will vary.*
5. *Answers will vary.*

P-44

1. good friends, family members
2. Bonjour Sylviane, comment ça va ? ; Ça va bien ? ; C'est Pauline !
3. kissing each other on each cheek
4. faire la bise

P-45

Answers will vary but may include: Je me présente..., Je m'appelle..., Je suis...

P-46

1. a. Françoise ; b. Fabienne ; c. Jean-Claude
2. 3
3. Dutch, Flemish, German, Italian, Malgache
4. a. Fabienne
   b. Fabienne, Jean-Claude
   c. Jean-Claude
   d. Françoise

P-47

Answers will vary but may include:

1. Belgium has three official languages: Dutch, French, and German, generally spoken in different regions of the country. Flemish is a spoken variety of Dutch, and French and German dialects are also spoken in Belgium.
2. French is the official language of Madagascar, and Malgache is a vernacular language spoken by the people of Madagascar.

Chapitre 1 : Ma famille et moi

1-1
1. beau-père
2. cousin
3. grand-mère
4. tante
5. frère
6. nièce

1-2
1. f
2. c
3. a
4. h
5. b
6. d
7. e
8. g

1-3
1. oncle
2. nièce
3. demi-frère
4. petite-fille
5. neveu
6. cousin

1-4

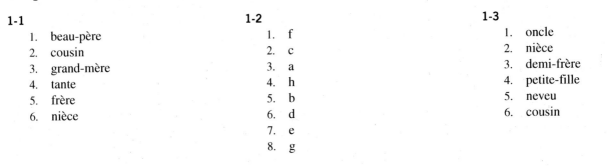

Agnès / André + André / Agnès   Jeanne / Vincent + Vincent / Jeanne

Didier   Monique + Pascal   Geneviève

Marie-Pierre + Jean-Claude   Georges   Paul

Gilberte / Marlène   Marlène / Gilberte

1-5
1. Filou
2. Tombouctou
3. Écoutez, vous
4. beaucoup, cousines
5. Où, Louis
6. Toulouse, vous

1-6
1. 7
2. 4
3. 7
4. 6
5. 5
6. 6

1-7
1. sa femme
2. ses enfants
3. son mari
4. sa sœur / sa soeur
5. ses parents
6. sa belle-mère

1-8
1. lecteur CD
2. cahiers
3. gomme
4. photos
5. calculatrice
6. crayons

1-9
1. tes
2. ton
3. tes
4. mon
5. mes / mon
6. mes
7. ma
8. ses
9. son
10. son

1-10
1. a
2. c
3. a
4. c
5. a
6. b

1-11
1. *Selected items:* conformiste, idéaliste
2. *Selected items:* optimiste, réaliste
3. *Selected items:* stressé, têtu
4. *Selected items:* individualiste, désagréable
5. *Selected items:* sympathique, raisonnable, réaliste
6. *Selected items:* timide, disciplinée

1-12
1. b
2. c
3. a
4. a
5. c
6. d

1-13
1. elles sont sympathiques et dynamiques
2. elle est réservée et conformiste
3. il est stressé et assez pessimiste
4. ils sont sociables et individualistes

1-14
1. a
2. b
3. a
4. a
5. b
6. b
7. b
8. a

1-15
Selected items: optimistes, stressés

1-16
her sister: 5, calme
her brother-in-law: 4, réservé
her brother-in-law's parents: 3, sympathiques
her parents: 6, stressés
her brother: 1, sociable
Sylvie: 2, timide
her cousin: 7, adorable

1-17
Answers will vary.

1-18
Answers will vary.

1-19
1. juillet
2. novembre
3. mai
4. décembre
5. octobre / novembre
6. février
7. mars
8. août

1-20
1. Le 15 août
2. Le 20 février
3. Le 30 octobre
4. Le 15 avril
5. Le 6 janvier
6. Le 24 juin

1-21
1. e
2. h
3. a
4. f
5. c
6. d
7. b
8. g

1-22
1. 5, 13
2. 31, 4
3. 16, 2
4. 20, 5
5. 8, 13
6. 17, 9

1-23
Selected items: 1. cinq enfants, 3. six oncles, 5. trois affiches, 9. un an, 10. deux ordinateurs, 12. sept images

1-24
Answers will vary.

1-25
1. 53
2. 13
3. 49
4. 38
5. 15
6. 82
7. 77
8. 23

1-26
1. cinquante
2. soixante-douze
3. soixante
4. quatre-vingt-dix
5. trente-et-un

1-27
1. J'ai
2. Ils ont
3. Tu as
4. Elle a
5. Vous avez
6. Nous avons
7. Elles ont
8. Tu as

1-28
Answers will vary but will include:
1. a...
2. ai...
3. avons...
4. ont...
5. a...
6. a...
7 as...
8 avez...

1-29

1. stylos
2. ordinateur
3. calculatrice
4. affiches
5. livres
6. gommes

1-30

1. Notre père
2. Nos frères
3. Leurs parents
4. Notre mère
5. Leur chien
6. Nos chats

1-31

1. vos / tes
2. mes
3. Leur
4. Nos
5. Vos
6. Leur
7. vos / tes

1-32

1. Ce sont leurs cousins.
2. C'est leur grand-père.
3. C'est leur sœur. / C'est leur soeur.
4. Ce sont leurs neveux.
5. C'est leur oncle.

1-33

Selected items: Êtes-vous marié/e ?, Avez-vous des enfants ?, Quel âge avez-vous ?

1-34

Nom : Leroy; Prénom : Patricia
Adresse : 76, rue de Paris
Âge : 38 ans
Situation familiale : mariée
Prénom du mari : Jean-Pierre
Âge : 42 ans
Les enfants :
1. Julie, 15 ans, 8 janvier
2. Paul, 13 ans, 11 mai
3. Suzanne, 8 ans, 24 août
4. Claire, 6 ans, 19 septembre

1-35

Answers will vary.

1-36

Answers will vary.

1-37

1. c
2. f
3. e
4. b
5. a
6. d

1-38

1. le samedi / le dimanche
2. le jeudi
3. le samedi
4. le dimanche
5. le mercredi
6. le vendredi
7. le mercredi

1-39

1. jeudi
2. mercredi
3. samedi
4. dimanche
5. lundi
6. mardi
7. vendredi

1-40

1. activités sportives : le tennis / tennis / jouer au tennis / joue au tennis
2. musique : la guitare / guitare / jouer de la guitare / joue de la guitare
3. activités sportives : le golf / golf / jouer au golf / joue au golf
4. autres activités : un film / la télé / la télévision / regarder un film / regarde un film / regarder la télé / regarde la télé / regarder la télévision / regarde la télévision
5. activités sportives : le football / football / jouer au football / joue au football / le foot / foot / jouer au foot / joue au foot
6. musique : la musique classique / musique classique / écouter de la musique classique / écoutent de la musique classique
7. musique : le piano / piano / jouer du piano / joue du piano
8. autres activités : travaille dans le jardin / travailler dans le jardin

1-41

1. 1+
2. 1+
3. ?
4. 1
5. 1
6. ?
7. 1+
8. 1

1-42

1. joue du piano
2. joue au golf
3. jouent au foot
4. déjeune ensemble
5. écoute de la musique

1-43

1. Frank joue
2. tu dînes
3. je ne travaille pas
4. mes parents invitent
5. nous n'avons pas

6. elle a
7. vous jouez
8. nous aimons

1-44

Answers may vary. Possible answers:
1. Non, tu ne joues pas au tennis mercredi. Julie et toi, vous jouez au tennis vendredi.
2. Non, tu n'invites pas Julie au cinéma. Tu invites Michèle au cinéma.
3. Non, tu ne travailles pas dans le jardin dimanche. Ta mère et toi, vous travaillez dans le jardin samedi.
4. Non, tu ne prépares pas ta leçon de chant lundi. Tu prépares ta leçon de chant mardi.
5. Non, tu ne téléphones pas à Michèle jeudi. Tu téléphones à ta grand-mère.

1-45
1. c
2. f
3. d
4. a
5. e
6. b

1-46

Answers may vary. Possible answers:
1. Est-ce que tu travailles ?
2. Est-ce que tu joues de la guitare ?
3. Est-ce que tu joues au foot ?
4. Est-ce que tu as une famille nombreuse ?
5. Est-ce que tu écoutes de la musique à la radio ?
6. Est-ce que tu as un téléphone chez toi ?

1-47
1. b
2. a
3. a
4. a
5. b
6. b

1-48
1. d
2. c
3. e
4. a
5. f
6. b

1-49

Answers will vary.

1-50

Âge : 40 ans / 40 / quarante ans / quarante ; 40 ans / 40 / quarante ans / quarante ; 30 ans / 30 / trente ans / trente
Résidence : maison / une maison ; appartement / un appartement ; maison / une maison
Enfants : un enfant / 1 enfant / un / 1 ; pas d'enfants / 0 / zéro ; deux enfants / 2 enfants / deux / 2

Animaux : un chien / 1 chien / un / 1 ; trois chats / 3 chats, un chien et deux oiseaux / 1 chien et 2 oiseaux / 1 chien et deux oiseaux / un chien et 2 oiseaux ; pas d'animaux / 0 / zéro
Caractère : calme et réservée / calme, réservée / réservée et calme / réservée, calme ; sociables ; énergiques, individualistes
Activités préférées : aime travailler dans son jardin / aime travailler dans le jardin / travailler dans son jardin / travailler dans le jardin ; inviter des amis, le sport / sport / tennis / golf / tennis et golf / tennis, golf / golf et tennis / golf, tennis ; la musique classique / musique classique, le cinéma / cinéma

1-51

Answers will vary.

1-52

Answers will vary.

1-53

Answers will vary but may include:
1. Style section, women's section, classified, obituaries
2. *Answers will vary.*
3. wedding announcements, engagements, births, deaths, college graduations...

1-54

Answers may vary. Possible answers:
1. Lucie, Yves et Pierrette
2. Jean-Pierre et Françoise
3. Olivier et Jean-Philippe
4. Mme Pierre de la Garonnière
5. Simon et Simone Pascale ; Yves & Pierrette
6. Jean-Pierre et Françoise ; they mention « parents et amie(s) absents »
7. She was a professor at the University of Grenoble.

1-55

Answers will vary.

1-56

Sa femme : Lalla Salma, le 10 mai 1978
Leur fils : Moulay Hassan, le 8 mai 2003
La sœur du roi : Lalla Meryem, le 26 août 1962
Le frère du roi : Moulay Rachid, le 20 juin 1970
Le père (décédé) du roi : Hassan II, le 9 juillet 1929

1-57

Answers will vary but may include:
1. any two adults regardless of sex
2. people already married or PACSed, or people who have a family relationship (brother-sister, grandparent-grandchild . . .)
3. if you were abroad at a Consulate, in France at the "tribunal d'instance"
4. your household arrangement and/or union benefits from having a recognized legal standing
5. yes

6. by agreement of the two parties or by a single person if that person marries or expresses the wish to marry someone else; a PACS is also dissolved if one of the partners dies

7. *Answers will vary.*

1-58

Answers will vary.

1-59

1. *Selected items:* un chat, un chien, un oiseau
2. *Selected items:* at home, at work in a studio, on the beach

1-60

Answers will vary but may include:

1. Families are of varying ages and composition
2. Their activities include riding a bike, having a meal, taking a walk downtown or in a park, riding a carousel, going to school, shopping, playing in a park

1-61

Answers will vary but may include:

1. Christian : deux filles
2. Caroline et Catherine : leur père
3. Corinne : son copain/son frère ; son père, sa mère ; des tantes, des oncles, des cousins

1-62

1. a. Christian : deux filles (des jumelles), et un petit-enfant (bientôt)
   b. Caroline et Catherine : leur mère et leur père
   c. Corinne : un frère, sa mère, sa grand-mère, son père, sa belle-mère, des tantes, des oncles, des cousines, des neveux, son fiancé
2. a. Christian's daughter Violaine
   b. Caroline and Catherine's father
   c. Corinne's father and stepmother, and her aunts, uncles, cousins, and nephew

1-63

Answers will vary but may include:

1. Their composition varies in ways similar to what one experiences in North America.
2. Christian : Est-ce que vous êtes marié ?
   Comment s'appelle le mari de votre fille ?
   Caroline et Catherine : Est-ce que vous avez des frères ou des sœurs ? Est-ce que vous avez un beau-père ou une belle-mère ?
   Corinne : Est-ce que tu as/vous avez une sœur ?
   Est-ce que ton/votre grand-père est décédé ?

Chapitre 2 : Voici mes amis

2-1

1. un trait de caractère
2. un trait de caractère
3. un trait physique
4. un trait physique
5. un trait de caractère
6. un trait de caractère
7. un trait physique
8. un trait de caractère

2-2

1. moche
2. châtain
3. ambitieuse
4. petite
5. maigre
6. d'un certain âge

2-3

1. forte / grosse
2. belle / jolie
3. grande / de taille moyenne
4. blonde / rousse / châtain
5. maigre / mince

2-4

1. a
2. c
3. a
4. b
5. c

2-5

1. Clément
2. Françoise
3. Jean
4. Laurence
5. Yvon
6. Gilberte
7. Louis
8. Simone

2-6

Answers will vary.

2-7

1. sportive
2. ambitieux
3. blonde
4. sérieuse
5. pantouflard
6. généreux

2-8

1. paresseux
2. sérieuses
3. ambitieux
4. amusantes
5. paresseuse
6. méchant
7. bête
8. sportif
9. énergique
10. drôle
11. intelligent
12. gentils

2-9

1. belle, rousse.
2. généreux, sympathique, gentil.
3. sportive, dynamique, énergique.
4. sérieux, drôle.
5. ambitieuse, disciplinée.
6. paresseux, stressé.

2-10

Answers will vary.

2-11

1. illogique
2. logique
3. logique
4. logique
5. illogique
6. illogique
7. logique
8. logique

2-12

1. Comment
2. Où
3. Quand
4. combien de
5. pourquoi

2-13

1. Comment est-ce que tu t'appelles ?
2. Combien de personnes est-ce qu'il y a dans ta famille ?
3. Où est-ce que tu travailles ?
4. Pourquoi est-ce que tu visites les USA ?
5. Quand est-ce que tu retournes en Suisse ?

2-14

1. c
2. e
3. g
4. b
5. h
6. a
7. d
8. f

2-15

Selected items: amusante, calme, gentille

2-16

Answers may vary. Possible answers:

Carole Gaspard : *23 ans*, grande et brune. Elle est intelligente, sérieuse, énergique et trés gentille. Elle n'est pas très amusante. Elle n'est pas égoïste. Elle aime le sport et la musique classique.

Martine Leger : 19 ans, *petite* et brune. Elle est intelligente, très drôle, assez paresseuse, souvent généreuse et très sympa. Elle n'est pas méchante. Elle aime jouer avec ses frères et sœurs et regarder la télé.

2-17

Answers will vary.

2-18

Answers will vary.

2-19

1. Enzo / Romain, Romain / Enzo
2. Raphaël / Oscar, Oscar / Raphaël
3. Lola / Sofiane, Sofiane / Lola
4. Constance
5. Rémy
6. Clara

2-20

1. a, b, d
2. b, c
3. a, d
4. a, b, d
5. c, d
6. a, b, d

2-21

1. joue
2. fait
3. font
4. faisons
5. jouons
6. joue

2-22

1. a. au football, b. du piano
2. a. de la batterie, b. de l'harmonica
3. a. du jogging, b. de vélo
4. a. aux jeux de société, b. de sport
5. a. la cuisine, b. grand-chose
6. a. de la danse, b. de bricolage

2-23

1. oui
2. oui
3. oui
4. non
5. oui
6. non
7. non
8. oui
9. oui
10. oui
11. non
12. oui
13. oui
14. oui
15. oui

2-24

1. avec
2. sans
3. avec
4. avec
5. avec
6. sans

2-25

1. à
2. de
3. de
4. à
5. à
6. à
7. de
8. à

2-26

1. l'affiche de la
2. l'harmonica d'
3. les cartes des
4. le téléphone de la
5. les stylos de l'
6. la photo du

2-27

1. des jeux de société
2. des amis de Clément
3. de la famille
4. du prof de français
5. des sports qu'on aime bien
6. de la politique
7. du cinéma

2-28

1. joue au foot
2. jouent au tennis
3. joue du piano
4. jouent aux cartes
5. joue de la guitare
6. jouent au basket

2-29

1. d
2. g
3. f
4. c
5. h
6. a
7. e
8. b

2-30

1. font
2. ne fait pas
3. faisons
4. faites
5. fais

2-31

1. fais la cuisine / fais des courses
2. faisons du bricolage
3. faites du jardinage
4. ne font pas grand-chose
5. fais du vélo
6. fait de la musique

2-32

1. en ville
2. chez vous
3. au parc
4. à la maison
5. au parc
6. dans le jardin

2-33

Answers will vary but may include:

1. Je fais… ; Elle fait… ; Ils font…
2. Je fais… ; Il/Elle fait… ; Ils/Elles font…
3. Je fais… ; Il/Elle fait… ; Ils/Elles font…

2-34

Answers will vary.

2-35

JENNIFER : samedi : j'ai un match de volley / un match de volley / match de volley
dimanche : je fais du vélo / faire du vélo

GUILLAUME : samedi matin : je joue aux échecs / jouer aux échecs
samedi après-midi : je reste à la maison / rester à la maison ; nous regardons la télé / regarder la télé
dimanche : nous ne faisons pas grand-chose / ne pas faire grand-chose

CONSTANCE : samedi matin : nous faisons des courses / faire des courses
samedi après-midi : nous faisons la cuisine / faire la cuisine
dimanche : j'ai un concert / avoir un concert / je joue de la guitare / jouer de la guitare

2-36

Answers will vary.

2-37

Answers will vary.

2-38

1. la place
2. un marché
3. le théâtre
4. le cinéma
5. le musée
6. le stade
7. la piscine
8. le gymnase

2-39

1. église
2. monument
3. librairie
4. mairie
5. gymnase
6. piscine

2-40

1. au gymnase, au stade, au parc
2. au théâtre, au musée
3. au restaurant, au café
4. à la mairie, à la piscine municipale, au parc

5. à la bibliothèque, au café
6. au parc, au marché

2-41
1. e
2. a
3. g
4. c
5. d
6. f
7. h
8. b

2-42
1. en général
2. bientôt
3. bientôt
4. en général
5. bientôt
6. bientôt
7. en général
8. en général

2-43
1. Je vais
2. Tu vas
3. je vais
4. mes parents vont
5. il va
6. nous allons
7. Vous n'allez

2-44
1. allez au musée / allez au parc
2. vais au théâtre
3. allons au restaurant / allons au café / allons chez un ami / allons chez des amis
4. vont à la bibliothèque / vont à la librairie
5. vas au stade
6. va à l'église / va à la mairie

2-45
1. vais regarder
2. n'allons pas jouer
3. ne va pas travailler
4. vont écouter
5. vais aller

2-46
Answers will vary but should include:
1. Ce week-end, elle va...
2. Demain, il/elle va...
3. Ce soir, il/elle va...
4. La semaine prochaine, ils vont...
5. Le semestre prochain, je vais...
6. Bientôt, il/elle va...

2-47
1. .
2. ?
3. !
4. ?
5. !
6. !

2-48
1. e
2. c
3. d
4. f
5. b
6. a

2-49
1. Ferme
2. Ne regardez pas
3. Écoute
4. Ne joue pas
5. Ne va pas
6. Faites

2-50
1. Travaillons / Ne travaillons pas
2. Faisons / Ne faisons pas
3. Restons / Ne restons pas
4. Jouons / Ne jouons pas
5. Invitons / N'invitons pas
6. Écoutons / N'écoutons pas

2-51
Answers will vary.

2-52
1. un concert, une exposition, un match de basket, un tournoi de golf
2. au gymnase, à la mairie, au parc, au stade
3. assistez à, écoutez, faites, mangez, préparez

2-53
Answers will vary.

2-54
Answers will vary.

2-55
Answers may vary. Possible answers:
1. a quest or a search; women are looking for the ideal man
2. handsome, funny, intelligent, generous, sociable

2-56
1. cultivé, sensible, généreux, sympathique, intelligent
2. grand, brun
3. bêtes
4. intellectual qualities

2-57
Answers will vary.

2-58
1. c
2. b
3. e
4. f
5. a
6. d

2-59

Answers may vary. Possible answers:

1. a. two teams: could be one against one; two against two; or three against three
   b. set of 3 steel balls, and one small ball, **le cochonnet**
   c. any outside surface not sand or concrete/asphalt
   d. One player throws the **cochonnet** and the other players take turns throwing their **boules** to see who gets the closest.

2. It can be played in the U.S. There are at least 40 "official" clubs meeting in various parts of the U.S., for example in Boston; California; Louisville, Kentucky; Florida; and in the Washington D.C. area. Equipment can be ordered from a number of online sources or purchased at specialty shops in the U.S.

3. The game is similar to the Italian game **bocce** and is said to be a distant cousin to horseshoes.

2-60

Answers may vary. Possible answers:

1. close physical proximity, hand-holding, a hand on the shoulder, kissing on the cheeks or on the lips
2. talking, eating, going to town, loving

2-61

le basket-ball, le cyclisme, le football, le jogging, le patin en ligne, le patin à roues alignées, la promenade en autoneige, en motoneige, le ski, le tennis, la promenade en traîneau à chiens

2-62

1. h
2. a
3. f
4. g
5. c
6. e
7. b
8. d

2-63

1. Jean-Claude : a. le football, b. le rugby
2. Christine : a. l'aquagym, b. le fitness
3. Agathe : a. le dessin, b. la danse
4. Tristan : a. le judo, b. la natation

2-64

Answers will vary.

Chapitre 3 : Études et professions

3-1

1. la libraire
2. l'infirmerie
3. associations étudiantes / associations
4. une cafétéria / la cafétéria / un restaurant universitaire / le restaurant universitaire / un resto U / le resto U

5. un café / le café / la cafétéria / une cafétéria
6. une bibliothèque / la bibliothèque / la BU / une BU / la bibliothèque universitaire / une bibliothèque universitaire
7. un bureau des inscriptions / le bureau des inscriptions
8. des résidences / les résidences
9. les terrains de sport / des terrains de sport

3-2

1. la librairie
2. l'amphithéâtre
3. les bureaux administratifs
4. le centre informatique
5. le labo de langues
6. le bureau du professeur

3-3

1. devant
2. à gauche
3. à côté
4. près
5. derrière
6. en face

3-4

Answers will vary.

3-5

1. /ɛ/
2. /e/
3. /e/
4. /ɛ/
5. /e/
6. /ɛ/
7. /e/
8. /ɛ/

3-6

1. préfère, faire
2. Arrête, bibliothèque
3. Elle, déteste, être, affaires
4. trimestre, dictionnaire
5. dernière, semaine, restaurant, universitaire

3-7

1. petite
2. nouvelle
3. grand
4. belle
5. vieux
6. belle
7. vieil
8. nouveau

3-8

1. beau
2. vieille
3. nouvel
4. belle
5. bonne
6. grand

3-9

1. b
2. a
3. b
4. a
5. b

3-10

1. vieil
2. belle
3. bon
4. grosse
5. premier
6. bel
7. jolie
8. gros

3-11

1. 1
2. 1+
3. 1
4. 1+
5. 1+
6. 1

3-12

1. rendent
2. répondons
3. attend
4. entends
5. vendent
6. descendez

3-13

1. rend visite à
2. rendent visite à
3. rendons visite à
4. rendez visite à
5. rends visite à

3-14

1. vend
2. attends
3. perds
4. entend
5. descendons
6. répondez

3-15

Answers will vary.

3-16

proposition 1 : pour travailler / travailler ; en face du gymnase

proposition 2 : au café / le café ; jouer aux échecs ; derrière le centre sportif / pas très loin de la station de métro

proposition 3 : la piscine, nager / pour nager ; en face de l'infirmerie / à droite des terrains de sport

3-17

Answers will vary.

3-18

Answers will vary.

3-19

1. g
2. e
3. c
4. b
5. f
6. a
7. d

3-20

1. *Selected items:* biologie, mathématiques
2. *Selected items:* allemand, informatique
3. *Selected items:* chimie, laboratoire
4. *Selected items:* informatique, peinture
5. *Selected items:* laboratoire, mathématiques

3-21

1. philosophie
2. sociologie
3. botanique
4. astronomie
5. comptabilité
6. sculpture
7. danse

3-22

1. en informatique
2. en zoologie
3. en sciences politiques
4. en arts du spectacle
5. en beaux-arts
6. en médecine

3-23

1. /o/
2. /ɔ/
3. /ɔ/
4. /o/
5. /o/
6. /o/
7. /ɔ/
8. /o/
9. /o/
10. /ɔ/

3-24

Answers will vary.

3-25

1. d
2. g
3. a
4. f
5. b
6. h
7. e
8. c

3-26

1. suggère un dîner au restaurant
2. suggère le Scrabble
3. suggérons un match de tennis
4. suggères un film au cinéma
5. suggèrent un match à la télé
6. suggérez un concert de musique classique
7. suggère un dîner avec des amis

3-27

1. Ils préfèrent manger au resto U.
2. Elles préfèrent faire du jogging.
3. Il préfère chercher des nouveaux livres à la librairie.
4. Il préfère avoir son premier cours le matin.
5. Elle préfère suivre des cours faciles.
6. Il préfère jouer dans une pièce de théâtre.

3-28

1. nous préférons
2. tu préfères
3. Papa suggère
4. je préfère
5. il répète
6. Tu suggères
7. Je répète

3-29

1. plusieurs
2. un
3. un
4. plusieurs
5. plusieurs
6. plusieurs

3-30

1. belles
2. bonnes
3. nouveaux
4. beaux
5. vieux
6. mauvais

3-31

1. nouveaux
2. bons
3. grands
4. nouveau
5. premier
6. gros
7. premier
8. bonnes

3-32

Answers will vary but may include:

1. … il y a des bons / mauvais / jeunes / vieux professeurs.
2. … il y a des bons / mauvais / jeunes / jolis étudiants.
3. … il y a des petits / grands / examens.
4. … il y a des nouvelles / vieilles / grandes / petites résidences.
5. … il y a des petits / grands / vieux / nouveaux bureaux.
6. … il y a des gros / petits devoirs.
7. … il y a des grandes / petites / bonnes / mauvaises fêtes.
8. … il y a des bons / mauvais / nouveaux / vieux amis.

3-33

Answers will vary.

3-34

1. a. la comptabilité, b. la gestion
2. a. les sciences physiques, b. la chimie, c. la physique, d. l'astronomie
3. a. les lettres, b. l'anglais, c. l'espagnol, d. la philosophie

3-35

Answers will vary.

3-36

Answers will vary.

3-37

1. g
2. c
3. h
4. a
5. e
6. b
7. f
8. d

3-38

1. comptable
2. musicien
3. avocate
4. professeur
5. dentiste
6. informaticienne
7. artistes
8. serveuse

3-39

1. journaliste scientifique, professeur
2. acteur, chanteur
3. avocate, fonctionnaire
4. informaticien, ingénieur
5. infirmier, médecin, pharmacien
6. journaliste, professeur, secrétaire

3-40

1. comptable
2. journaliste
3. architecte
4. représentant de commerce
5. professeur
6. artiste

3-41
1. Elle est, C'est
2. Il est, C'est
3. C'est, Elle est
4. Il est, C'est
5. C'est, Il est

3-42
Answers will vary.

3-43
1. b
2. f
3. c
4. e
5. a
6. d

3-44
1. C'est une bonne fonctionnaire.
2. Elle est assistante sociale.
3. Elle est musicienne.
4. C'est un avocat intelligent.
5. C'est un ingénieur ambitieux.

3-45
1. wants to
2. can
3. has to
4. wants to
5. has to
6. can
7. wants to
8. can

3-46
1. pouvons
2. doivent
3. peux
4. dois
5. veut
6. veulent

3-47
1. devez
2. doit
3. devons
4. doivent

3-48
1. Tu veux faire du jardinage mais tu ne peux pas. Tu dois terminer tes devoirs.
2. David et Fanny veulent aller au cinéma mais ils ne peuvent pas. Ils doivent dîner chez leurs grands-parents.
3. Mes amis et moi, nous voulons rester chez nous, mais nous ne pouvons pas. Nous devons aller en classe.
4. Paul veut jouer au tennis avec ses amis mais il ne peut pas. Il doit aller chez le dentiste.

5. Ton père et toi, vous voulez regarder un match de basket, mais vous ne pouvez pas. Vous devez aller au concert de ta sœur.

3-49
Answers will vary.

3-50
1. b
2. c
3. a

3-51
Answers will vary.

3-52
Answers will vary.

3-53
1. *Selected items:* feelings about his job, job description, place of work, work schedule
2. *Selected items:* information about crime scenes, information about criminals

3-54
Answers may vary. Possible answers:
1. Fills out information forms, files them, analyzes them, communicates the conclusions to sociologists, university people, journalists, and the police
2. Journalists, police
3. Place, time, weapon and caliber of bullet, age of victim, profession, and reputation

3-55
Answers will vary.

3-56
1. h
2. e
3. d
4. f
5. j
6. a
7. i
8. c
9. m
10. k
11. b
12. g
13. l

3-57
Answers will vary.

3-58
1. c
2. b
3. a, b, c
4. b

3-59
Selected items: architecture, climate, language use, leisure activities, natural resources

Chapitre 4 : Métro, boulot, dodo

4-1

1. se lever
2. se laver
3. s'essuyer
4. se coiffer
5. s'habiller
6. se brosser

4-2

1. f
2. c
3. e
4. a
5. g
6. b
7. d

4-3

1. se réveiller
2. se raser
3. se doucher
4. s'essuyer
5. s'habiller
6. se brosser les dents
7. se coiffer
8. aller au travail
9. se dépêcher
10. regarder la télé
11. se coucher
12. s'endormir

4-4

1. du shampooing
2. une serviette
3. un peigne
4. du maquillage
5. du dentifrice
6. du savon

4-5

1. sûr, essuyer
2. musique, bureau
3. Luc, sculptures, du
4. étudie, naturelles
5. suggère, plus

4-6

1. bu
2. loup
3. dessous
4. remous
5. vu
6. rue
7. su
8. pou

4-7

1. logique
2. illogique
3. logique
4. logique
5. illogique
6. logique

4-8

1. se réveillent
2. s'endort
3. se lève
4. se douche
5. s'habille
6. s'endorment

4-9

1. Je me réveille
2. vous vous couchez
3. on se couche
4. on s'endort
5. vous vous levez
6. je me lève
7. ne se réveille pas
8. elle se lave

4-10

Answers will vary.

4-11

1. Coiffez-vous / Peignez-vous / Brossez-vous les cheveux
2. Ne joue pas
3. Ne te déshabille pas / Habille-toi
4. Ne mangez pas
5. Lave-toi.
6. Essuyez-vous
7. Couchez-vous / Allez vous coucher / Dormez / Allez dormir / Allez au lit

4-12

1. a
2. b
3. b
4. a
5. a
6. b

4-13

1. trop de / beaucoup de / assez de / peu de
2. trop de / beaucoup de / assez de / peu de
3. trop d'/ beaucoup d' / assez d' / peu d'
4. trop de / beaucoup de / assez de / peu de
5. trop de / beaucoup de / peu de
6. trop de / beaucoup de / assez de / peu de

4-14

1. souvent
2. quelquefois
3. peu de
4. beaucoup de
5. assez d'
6. n'… pas de
7. beaucoup
8. trop de

4-15

Answers will vary, but may include:

1. Je me couche assez tard.
2. Il se lève tôt. / Elle se lève tôt.
3. Elle se maquille rarement.
4. Je me lave les cheveux tous les jours.
5. Nous nous coiffons beaucoup. / On se coiffe beaucoup.
6. Il arrive toujours à l'heure. / Elle arrive toujours à l'heure.

4-16

Answers will vary.

4-17

1. e
2. g
3. a
4. f
5. c
6. b
7. d

4-18

Answers will vary.

4-19

Answers will vary.

4-20

1. non-officielle
2. officielle
3. officielle
4. officielle
5. non-officielle
6. non-officielle

4-21

1. f
2. a
3. e
4. b
5. g
6. c
7. d

4-22

1. 12 h 20 / midi vingt / douze heures vingt de l'après-midi
2. 23 h 45 / onze heures quarante-cinq du soir / minuit moins le quart
3. 9 h 10 / neuf heures dix du matin
4. 17 h 35 / cinq heures trente-cinq de l'après-midi
5. 21 h 00 / neuf heures du soir
6. 15 h 30 / trois heures et demie de l'après-midi

4-23

Answers will vary, but may include:

1. D'habitude, je me réveille à…
2. D'habitude, je me lève à…
3. D'habitude, je mange à…
4. D'habitude, je vais à la fac à…
5. D'habitude, j'ai mon cours de français à…
6. D'habitude, je rentre chez moi à…
7. D'habitude, je termine mes devoirs à…
8. D'habitude, je me couche à…

4-24

1. 1+
2. 1
3. 1+
4. 1+
5. 1
6. 1
7. 1+
8. 1

4-25

1. servir
2. partir
3. dormir
4. servir
5. partir
6. sortir

4-26

1. partons
2. part
3. dorment
4. dort
5. mentons
6. sors
7. sors
8. sert
9. courons
10. cours

4-27

Answers will vary.

4-28

1. b
2. b
3. a
4. a
5. b

4-29

1. autant d'
2. moins de
3. plus de
4. autant de
5. plus d'
6. moins de

4-30

1. mieux que / moins bien que / aussi bien que
2. plus tard que / moins tard que / aussi tard que
3. plus souvent que / moins souvent que / aussi souvent que
4. mieux que / moins bien que / aussi bien que
5. plus souvent que / moins souvent que / aussi souvent que
6. mieux que / moins bien que / aussi bien que
7. plus souvent que / moins souvent que / aussi souvent que
8. plus souvent que / moins souvent que / aussi souvent que

4-31

1. le plus souvent
2. le plus d'amis
3. le moins d'argent
4. le mieux
5. le moins
6. le moins de devoirs

4-32

Selected items: date, time, name, phone number

4-33

1. 18 h 34 / dix-huit heures trente-quatre / six heures trente-quatre du soir ; 03-20-31-37-81 / 0320313781 / 03 20 31 37 81
2. Amanda ; dimanche ; 13 h 00 / treize heures / une heure de l'après-midi ; 05-36-65-37-37 / 0536653737 / 05 36 65 37 37
3. Daniel ; jeudi ; 19 h 00 / dix-neuf heures / sept heures du soir ; 05-36-22-45-82 / 0536224582 / 05 36 22 45 82
4. Chantal ; samedi ; travailler ; mercredi ; 06-74-68-95-43 / 0674689543 / 06 74 68 95 43

4-34

Answers will vary.

4-35

Answers will vary.

4-36

1. d
2. b
3. g
4. f
5. e
6. a
7. h
8. c

4-37

1. un chemisier
2. une jupe
3. un collant
4. une chemise
5. un pull-over
6. un pantalon
7. des chaussures

4-38

1. mettent
2. mettons
3. mettez
4. mets
5. met

4-39

1. illogique
2. illogique
3. logique
4. logique
5. logique
6. illogique
7. illogique
8. logique

4-40

1. marron
2. blanc
3. bleu
4. noir
5. rouge
6. orange
7. vert
8. rose

4-41

1. bleu, cheveux
2. ambitieux, ennuyeux
3. neveu, sérieux, jeux
4. nombreux
5. Monsieur, paresseux

4-42

1. /ø/
2. /œ/
3. /ø/
4. /ø/
5. /œ/
6. /ø/

4-43

1. ce
2. ces
3. cette
4. cet
5. ce
6. ces

4-44

1. cette
2. Cette
3. cet
4. ces
5. ce
6. cette
7. ce
8. ces
9. cette

4-45

1. Cet ordinateur
2. Ce sac
3. Ces lunettes de soleil
4. Cette robe
5. Cet imper
6. Ces baskets

4-46

1. Cette casquette
2. Cet anorak
3. Ces gants
4. Ce pull
5. Cette cravate
6. Ce pantalon

4-47

1. moins bons que
2. plus chers que
3. meilleures que
4. plus à la mode que
5. moins chic que
6. meilleurs que

4-48

1. sa sœur / sa soeur
2. les deux
3. son frère
4. les deux
5. sa sœur / sa soeur
6. son frère
7. les deux
8. les deux

4-49

1. le plus beau
2. la plus élégante
3. la moins conformiste
4. le moins égoïste
5. le plus sportif
6. la moins paresseuse

4-50

1. b
2. a
3. a
4. a
5. b
6. a

4-51

Answers will vary, but may include: name, address, phone number, credit card number, object of clothing, color, size, quantity.

4-52

Nom : Delphine Dubois
Adresse : 30 ; à Paris / Paris
Téléphone : 01-48-97-95-35 / 0148979535 /
01 48 97 95 35
la chemise / la chemise longue ; verte / vert ; 38/40 /
38 / 40 ; 15,85 euros
le pantalon ; gris ; 40/42 / 40 / 42 ; 20,70 euros
la jupe / la jupe courte ; bleue / bleu ; 40/42 / 40 / 42 ;
18,25 euros

4-53

Answers will vary.

4-54

Answers will vary.

4-55

1. *Answers will vary.*
2. *Answers will vary but may include:* a. pink ;
   b. red or pink ; c. blue, purple, black (frostbite) ;
   d. white (pale), yellow ; e. white (pale), yellow,
   green; f. black, white (pale), grey.

4-56

1. noir, rose
2. noir, blanc
3. noir, rouge
4. noir, bleu
5. noir, vert
6. noir, jaune
7. noir, gris

4-57

Answers will vary, but may include:
1. The poet says that it is not fair that Black
   Africans are referred to as people of color when
   they are always referred to as being black, while
   Whites are associated with a range of different
   colors at different times in their lives.
2. Blue, grey: sad; red: angry; white: peaceful,
   calm; pink, red: in love.

4-58

1. e
2. f
3. a
4. b
5. c
6. d

4-59

1. a
2. a
3. b
4. a
5. b
6. a

4-60

1. Elles se réveillent.
2. Elles se lèvent.
3. Elles se disputent.
4. Elles s'habillent.
5. Elles se coiffent.
6. Elles prennent le petit-déjeuner.
7. Elles se brossent les dents.
8. Elles vont au collège.
X. Elles se maquillent.

4-61

Answers will vary. Designers' boutiques include:
Cartier, Hermès, Givenchy, Lanvin, Bottega Veneta,
Chanel, Gianfranco Ferré, Guy Laroche.

4-62

Answers will vary. Possible answer: The ideas that
we dress for comfort according to the weather; and
for social appropriateness depending on whether the
setting is formal or informal.

4-63

1. une écharpe, un foulard
2. a, d, e
3. a, b
4. a, c, d

4-64

Answers may vary. Possible answers:
1. Examples might include Indian prints for skirts,
   embroidered "peasant" blouses for women, and
   embroidered shirts for men.
2. According to a law passed in March 2004,
   female students are not allowed to wear the
   headdress in French schools, as it is considered
   an "ostentatious" religious symbol in conflict
   with the separation of church and state. Many of
   the approximately five million Muslims who live
   in France object to this ruling.

Chapitre 5 : Du marché à la table

5-1

1. boisson chaude
2. quelque chose à manger
3. boisson rafraîchissante
4. quelque chose à manger
5. boisson chaude
6. quelque chose à manger

5-2

1. b
2. a
3. i
4. h
5. m
6. f
7. n
8. o
9. j
10. e
11. d
12. g
13. k
14. l
15. c

5-3

1. a, c
2. b, c
3. a, b
4. a, c
5. b, c
6. b, c

5-4

Corinne : des crudités / une assiette de crudités, un
croque-monsieur, un coca, une glace au chocolat
Laurent : une bière, un sandwich / un sandwich au
jambon, des frites, un café / un café crème / un petit
café / un petit café crème

5-5

1. bon
2. bonne
3. château
4. plage
5. sans
6. entendre
7. nos
8. vent

5-6

1. Mon, enfant, intéressants
2. un, bon, restaurant
3. font, natation
4. Ton, grand-père, quatre-vingt-onze, ans
5. parents, ont, cinquante, ans

5-7

1. 1
2. 1+
3. 1+
4. 1
5. 1+
6. 1

5-8

1. Je bois
2. Tu bois
3. Vous buvez
4. Nous buvons / On boit
5. Elles boivent

5-9

1. prend
2. prenons
3. prennent
4. prends
5. prennent

5-10

1. apprennent l'italien / comprennent l'italien / vont apprendre l'italien
2. apprends l'espagnol / comprends l'espagnol
3. comprends l'anglais
4. comprenons l'allemand / apprenons l'allemand
5. comprenez l'anglais / comprenez le français / comprenez l'anglais et le français / comprenez le français et l'anglais / apprenez l'anglais / apprenez le français / apprenez l'anglais et le français / apprenez le français et l'anglais

5-11

1. b
2. c
3. a
4. e
5. f
6. d

5-12

1. logique
2. illogique
3. logique
4. logique
5. logique
6. illogique

5-13

1. je n'aime pas le sucre / je déteste le sucre / je n'aime pas beaucoup le sucre
2. J'adore le lait / J'aime le lait / J'aime bien le lait / J'aime beaucoup le lait
3. J'adore la pizza / J'aime la pizza / J'aime bien la pizza / J'aime beaucoup la pizza
4. je n'aime pas l'eau minérale / je déteste l'eau minérale / je n'aime pas beaucoup l'eau minérale
5. J'adore la glace / J'aime la glace / J'aime bien la glace / J'aime beaucoup la glace

5-14

1. de bière
2. du café
3. des oranges
4. de la pizza
5. de limonade
6. de l'eau minérale

5-15

Answers will vary but may include:
1. Elle prend de la salade et des crudités. Elle ne prend pas de coca.
2. Il/Elle prend de la pizza, des frites et du coca. Il/Elle ne prend pas de salade.
3. Il/Elle prend de la pizza et de la glace. Il/Elle ne prend pas de vin.
4. Ils prennent des sandwichs, de la salade et de l'eau minérale. Ils ne prennent pas de bière.
5. Je prends...

5-16

Answers will vary.

5-17

1. un café
2. un thé citron
3. un coca
4. des frites, de la pizza, du sucre
5. neuf euros

5-18

Answers will vary.

5-19

Answers will vary.

5-20

1. d
2. c
3. e
4. a
5. b

5-21

1. f
2. c
3. d
4. b
5. a
6. e

5-22

1. confiture
2. oeufs
3. rôtie
4. pomme
5. yaourt
6. banane
7. céréales
8. beurre

5-23

1. du vin blanc / un verre de vin blanc, des olives
2. des crudités
3. du poulet, des haricots verts, des pommes de terre
4. de la tarte aux pommes / une belle tarte aux pommes / une tarte aux pommes, du café / un petit café / un café

5-24

1. lion
2. vain
3. câlin
4. savon
5. mien
6. marin

5-25

1. 2
2. 1
3. 2
4. 0
5. 1
6. 2

5-26

1. aujourd'hui
2. hier
3. aujourd'hui
4. hier
5. hier
6. hier

5-27

1. c
2. e
3. a
4. f
5. b
6. d

5-28

1. a dormi
2. avons joué
3. avez fait
4. as écouté
5. ai invité
6. a préparé

5-29

1. j'ai pris
2. je n'ai pas mangé
3. nous n'avons pas bu / moi et mes amis n'avons pas bu / on n'a pas bu
4. j'ai choisi
5. ils n'ont pas été / mes amis n'ont pas été
6. j'ai fait

5-30

1. épeler
2. se lever
3. appeler
4. acheter
5. jeter

5-31

1. achète
2. achètent
3. achetez
4. achetons
5. achètes

5-32

1. Il épelle / Nous épelons
2. Vous jetez / Je jette
3. Je me lève / vous vous levez
4. Tu appelles / Nous appelons

5-33

Answers will vary but may include:

1. J'achète mes vêtements…
2. … lève/nt le doigt le plus souvent.
3. Oui, mes profs épellent toujours correctement mon nom. / Non, quelquefois, mes profs n'épellent pas correctement mon nom.
4. Non, je ne jette jamais mes examens et devoirs corrigés. / Oui, je jette toujours mes examens et devoirs corrigés à la fin du semestre.
5. Oui, nous achetons des choses en commun. / Non, nous n'achetons pas de choses en commun. / Oui, on achète des choses en commun. / Non, on n'achète pas de choses en commun.
6. J'appelle mon/ma meilleur/e ami/e une ou deux fois par semaine.

5-34

Answers will vary.

5-35

1. des bananes, des haricots verts, du jambon, des pommes de terre, du poulet
2. du bacon, des poires, du poisson

5-36

Answers will vary.

5-37

Answers will vary.

5-38

1. pâtisserie
2. poissonnerie
3. crèmerie
4. boulangerie
5. boucherie
6. charcuterie

5-39

1. c
2. c
3. b
4. a
5. b
6. c

5-40

1. du bifteck haché
2. des plats préparés
3. du saumon
4. un pain de mie
5. du lait
6. des épinards
7. de la glace à la fraise

5-41

Answers will vary.

5-42

1. hier
2. hier
3. aujourd'hui
4. hier
5. hier
6. aujourd'hui

5-43

1. suis arrivée
2. es parti
3. suis allé
4. as fait
5. avons rendu
6. sont revenues
7. ont téléphoné
8. n'ont pas parlé

5-44

1. sont venues
2. sommes allées
3. sont restées
4. suis descendue
5. est passé
6. êtes tombée
7. suis rentrée
8. est revenu
9. sommes sortis

5-45

1. s'est réveillé
2. se sont levées
3. nous sommes endormis / nous sommes endormies
4. t'es rasé
5. me suis dépêché / me suis dépêchée

5-46

1. un paquet de
2. une tranche de
3. deux bouteilles de
4. un pot de
5. un morceau de
6. une boîte de

5-47

1. une douzaine ; tranches ; grammes
2. une boîte ; un kilo / un demi-kilo ; grammes ; un demi-kilo / un kilo ; grammes
3. litres ; grammes ; grammes ; un kilo / un demi-kilo ; grammes ; un paquet
4. tranches ; grammes ; grammes ; une boîte

5-48

1. en a ; acheté
2. en acheter
3. en acheter
4. en achète
5. en achète
6. en a ; acheté
7. en acheter
8. en achète

5-49

1. a
2. b
3. b
4. a
5. a
6. b

5-50

Answers will vary.

5-51

1. 2 la boucherie
   1 la boulangerie-pâtisserie
   X la charcuterie
   3 la crèmerie
   X les surgelés
2. a. deux bouteilles de lait
   b. un pot de moutarde
   c. un kilo de carottes

5-52

Answers will vary.

5-53

Answers will vary.

5-54

Answers will vary but may include: des fruits, des gâteaux, des crudités, du jambon, de l'eau…

5-55

1. b
2. c
3. a, c, d
4. b, c, d, f, g
5. d

5-56

Answers will vary but may include: des chips, des sandwichs, des boissons rafraîchissantes, des boissons gazeuses, de l'eau, des gâteaux, des fruits…

5-57

1. d
2. e
3. a
4. g
5. f
6. b
7. c

5-58

Answers will vary.

5-59

Answers may vary. Possible answers:

1. minuscule, pratique, petite, jaune; *minuscule* and *petite* are synonyms.

2. a. It's easy.
   b. It's better than what you can buy in the supermarket.
   c. It's not expensive.
3. Ustensiles: un bol, une cuillère
   Ingrédients: de la moutarde, du vinaigre, de l'huile (d'olive), du sel, du poivre
4. It's too acidic, so she adds more oil.

5-60

Selected items: le couscous, les crêpes, le lapin provençal, les pâtisseries, la paella, la ratatouille, la sauce béchamel

5-61

Answers will vary but may include: Couscous is a grain-like pasta; the dish may include meat and/or vegetables, and spices.

5-62

1. d
2. a
3. e
4. c
5. b

5-63

Answers will vary.

Chapitre 6 : Nous sommes chez nous

6-1

1. la cuisine / une cuisine
2. le garage / un garage
3. la chambre / les chambres / une chambre
4. la salle à manger / une salle à manger / la cuisine / une cuisine
5. la salle de bains / une salle de bains
6. la terrasse / une terrasse / le balcon / un balcon / le jardin / un jardin

6-2

1. balcon
2. propriétaire
3. étage
4. studio
5. voisin
6. escaliers
7. animé
8. locataire

6-3

1. a
2. b
3. b
4. a
5. b
6. a

6-4

1. deuxième, 206
2. septième, 712
3. quatrième, 401
4. sixième, 609
5. neuvième, 928
6. troisième, 307

6-5

1. un studio en centre-ville
2. une petite cuisine, une assez grande salle de bains et une chambre
3. huitième
4. 420 euros par mois
5. il n'y a pas d'ascenseur
6. un cinq-pièces dans un quartier résidentiel
7. trois chambres, un séjour et une salle à manger
8. cinquième
9. 900 euros par mois
10. c'est un nouvel immeuble avec ascenseur

6-6

1. bile
2. malle
3. mollet
4. belle
5. ville
6. village

6-7

Answers will vary.

6-8

1. rougissent
2. désobéit
3. punissez
4. réfléchissons
5. choisis
6. grandit

6-9

1. réfléchis
2. choisissent
3. maigrit
4. obéissent
5. grossis
6. réussissez
7. finissons

6-10

1. grossissons
2. maigrit
3. finis
4. grandissent
5. réussissez

6-11

1. d
2. b
3. e
4. a
5. c

6-12

1. la
2. les
3. la
4. le
5. les
6. la

6-13

1. f
2. d
3. a
4. e
5. g
6. c
7. b

6-14

1. a
2. a
3. b
4. a
5. b
6. b

6-15

1. les
2. le
3. la
4. l'
5. les

6-16

Selected items: un étage, un quartier, le loyer, un appartement, animé

6-17

1. appartement, au 6ᵉ étage, à l'extérieur de la ville, 750 euros avec les charges, un balcon
2. studio, au rez-de-chaussée, en centre-ville, 500 euros sans les charges, meublé
3. appartement, au 10ᵉ étage, dans un quartier résidentiel, 850 euros avec les charges, un ascenseur

6-18

Answers will vary.

6-19

Answers will vary.

6-20

1. oui
2. oui
3. non
4. oui
5. non
6. non

6-21

1. Oui, il y a un / Non, il n'y a pas de
2. Oui, il y a un / Non, il n'y a pas de
3. Oui, il y a une / Non, il n'y a pas d'
4. Oui, il y a des / Non, il n'y a pas de

5. Oui, il y a des / Non, il n'y a pas de
6. Oui, il y a un / Non, il n'y a pas de
7. Oui, il y a un / Non, il n'y a pas de

6-22

1. meublé
2. abîmés
3. lit
4. rideaux
5. armoire

6-23

1. b
2. a
3. b
4. a
5. a
6. b

6-24

Answers will vary.

6-25

Answers will vary.

6-26

1. leur
2. lui
3. leur
4. lui
5. lui

6-27

1. illogique
2. logique
3. logique
4. logique
5. logique
6. illogique

6-28

Answers will vary but may include:
1. Je leur parle dans leurs bureaux…
2. J'aime lui offrir…
3. Je préfère leur apporter…
4. Je lui dis…
5. Je lui emprunte…

6-29

1. leur ai donné
2. lui ai téléphoné
3. lui ai remis
4. lui ai rendu visite
5. leur ai demandé
6. lui ai apporté

6-30

1. 81 600
2. 95 710
3. 34 230
4. 62 180
5. 46 090
6. 71 540

6-31

1. 1 830
2. 4 870
3. 5 760
4. 11 910
5. 13 520
6. 16 740

6-32

1. c
2. e
3. f
4. b
5. d
6. a

6-33

1. huit-mille-deux-cent-un
2. vingt-trois-mille-cinq-cent-quatre-vingt-six
3. cinq-cent-trente-mille-deux-cent-cinquante-quatre
4. sept-cent-quarante-mille-huit-cent-quatre-vingt-dix
5. un-million-six-cent-soixante-mille-deux-cent-cinquante-huit

6-34

Answers will vary.

6-35

1. un appartement
2. en centre-ville
3. trois pièces : un séjour et deux chambres
4. une baignoire, une douche, des W.-C., peu de placards, deux gros fauteuils, une table, quatre chaises, deux lits
5. une salle de bain moderne, une chambre d'amis
6. pas d'ascenseur, une vieille cuisine

6-36

Answers will vary.

6-37

Answers will vary.

6-38

1. campagne
2. ville
3. campagne
4. campagne
5. ville
6. ville

6-39

1. à la montagne
2. d'une rivière
3. une forêt
4. dans les collines
5. au lac
6. son potager

6-40

1. e
2. d
3. a
4. b
5. f
6. c

6-41

1. c
2. e
3. f
4. a
5. d
6. b

6-42

1. demande
2. suggestion
3. demande
4. suggestion
5. suggestion
6. demande

6-43

1. faisiez
2. fermiez
3. prépariez
4. parliez
5. fermais
6. mettais
7. mangeais
8. allais

6-44

1. faisiez
2. travaillaient / faisaient du jardinage / jardinaient
3. descendais / allais / faisais une promenade / te promenais
4. faisions
5. sortaient / allaient
6. jouait

6-45

1. a
2. b
3. b
4. c
5. b
6. c

6-46

1. avait
2. jouait
3. faisais
4. allions / partions
5. partait / allait

6-47

1. b
2. a
3. b
4. b
5. a
6. a

6-48

1. Il, avait
2. on arrivait
3. c'était
4. nous ne faisions
5. on allait
6. Je me couchais
7. je trouvais

6-49

Answers will vary but could include:

1. je me levais / je mangeais / je m'habillais
2. j'allais à la fac / j'étais dans mon cours de maths
3. je déjeunais avec mes amis / je mangeais au restaurant universitaire / je travaillais à la bibliothèque
4. je faisais du jogging / je révisais mes cours
5. je regardais la télé / je discutais avec des amis / je faisais mes devoirs / je parlais au téléphone / je dormais

6-50

Answers will vary but could include: aller à la pêche, faire un pique-nique, se détendre, faire du vélo

6-51

1. Elle s'est occupée du potager., Elle s'est détendue dans le jardin.
2. Il a bricolé., Il est allé à la pêche.
3. Ils ont fait du jardinage., Ils ont fait les courses., Ils sont restés à la maison., Ils ont regardé la télé.
4. Elle est allée au cinéma avec des amies.

6-52

Answers will vary.

6-53

Answers will vary.

6-54

Answers will vary but may include:
1. discouraged, homesick…
2. something small and inexpensive, a studio or a room in a boarding house

6-55

1. closed
2. difficult
3. his accent, strange questions
4. already taken
5. speaks to him
6. doesn't exist
7. some
8. sad

6-56

Answers will vary.

6-57

1. e
2. g
3. d
4. a
5. c

6. b
7. f

6-58

Answers will vary, but may include from the textbook: Venez chez nous ("Come visit us") *en breton :* Deit genomb é Breizh ! *en alsacien :* Komme zü uns ens Elsass ! *en corse :* Venite in Corsica ! *en basque :* Zatozte Euskal herrirat ! *en occitan :* Venetz en Occitania !

6-59

Answers will vary.

6-60

A. 20 / vingt
B. 1. 1
   2. 2
   3. 6
   4. 4
   5. 2
   6. 5
C. a. le marché / le parc / les gens
   b. le parc / le marché / les gens
   c. les gens / le parc / le marché

6-61

1. *Answers will vary but may include:* la Bourgogne ; la Touraine ; la Normandie ; la Bretagne ; la Provence ; la Côte d'Azur.
2. *Answers will vary but may include:* vineyards ; a château on the Loire ; le Mont St-Michel ; Normandy D-day beaches ; the wild coast ; villages ; the Promenade des Anglais in Nice ; l'Hôtel Negresco
3. *Answers will vary.*

6-62

Selected items: its twelfth-century church, its medieval chateau, its small shady squares, its fountains, its countryside

6-63

1. the fountains / the countryside
2. the countryside / the fountains

6-64

Answers will vary.

Chapitre 7 : Les relations personnelles

7-1

1. h
2. e
3. g
4. b
5. c
6. i
7. f
8. d
9. a

7-2

1. e
2. c
3. f
4. b
5. a
6. d

7-3

1. rater
2. absent
3. épreuves
4. pratiquant
5. divorcer
6. indulgent
7. sécurisant
8. monoparentale

7-4

1. b
2. c
3. a
4. a
5. b
6. c

7-5

1. 1+
2. 1
3. 1+
4. 1+
5. 1
6. 1

7-6

1. écrivons une lettre / écrivons un rapport / écrivons un poème
2. écris une autobiographie
3. écrivez une critique / écrivez un article / écrivez un rapport
4. écrivent un article
5. écrit une pièce de théâtre / écrit un poème / écrit un roman

7-7

1. lisent
2. lisons
3. dites
4. dit
5. lisent
6. écrit

7-8

1. Elle lit
2. Nous lisons, On lit
3. Ils lisent
4. Tu lis
5. Je lis

7-9

1. background information
2. background information
3. background information
4. action
5. action
6. background information

7-10

1. habitait
2. préparait
3. a dit
4. a décidé
5. se réveillait / s'est réveillée
6. a décidé
7. a découvert
8. a ouvert
9. est entrée
10. avait
11. a goûté
12. était
13. était
14. était
15. a mangé
16. était
17. a monté
18. avait
19. a essayé
20. c'était
21. s'est endormie
22. dormait
23. sont rentrés

7-11

1. d
2. f
3. a
4. e
5. b
6. c

7-12

1. a
2. c
3. a
4. b
5. c
6. b

7-13

Answers will vary.

7-14

1. a. Catherine
   b. X
   c. X
   d. Amina
   e. Jan
   f. X

2. a. Jan
   b. X
   c. X
   d. Catherine
   e. Jan
   f. Amina
   g. X
   h. Catherine
   i. Amina
   j. Jan
3. a. Jan
   b. Catherine
   c. Amina
   d. X
   e. X
   f. Jan
   g. Catherine
   h. Amina

7-15

Answers will vary.

7-16

Answers will vary.

7-17

1. e
2. f
3. b
4. a
5. d
6. c

7-18

1. b
2. e
3. d
4. a
5. f
6. c

7-19

1. a
2. b
3. b
4. b
5. a
6. a

7-20

1. c
2. a
3. d
4. e
5. b

7-21

1. union
2. loyer
3. étudiant
4. joyeux
5. ennuyeux
6. essayer

7-22

Answers will vary.

7-23

1. habitude
2. évènement
3. habitude
4. habitude
5. évènement
6. évènement

7-24

1. jouait
2. regardaient
3. faisait
4. travailliez / étiez / alliez / lisiez / étudiiez
5. étions
6. mangeais / prenais / partageais

7-25

1. a eu
2. se levait
3. a fait
4. est rentrée
5. révisait
6. est … sortie

7-26

1. s'habillait … est arrivé
2. mangeait … a téléphoné
3. allait … a rencontré
4. parlait … est arrivé
5. se dépêchait … est tombé

7-27

1. logique
2. logique
3. illogique
4. illogique
5. logique
6. logique

7-28

1. vous
2. t'
3. nous
4. vous
5. m'

7-29

1. te
2. leur
3. lui
4. vous
5. me
6. nous

7-30

1. vous montre
2. peux te prêter / peux vous prêter
3. vous offre
4. vous invite
5. peux m'aider
6. vais vous préparer

7-31

Answers will vary.

7-32

1. a
2. b
3. c
4. b

7-33

Answers will vary.

7-34

Answers will vary.

7-35

1. b
2. b
3. a
4. c
5. a

7-36

1. b
2. c
3. e
4. d
5. a
6. f

7-37

Answers will vary but may include:

1. Il est anxieux quand il a un examen à préparer. / Elle est anxieuse quand elle doit parler au téléphone avec la mère de son copain.
2. Elle est heureuse quand nous avons bien réussi l'examen. / Il est heureux quand nous parlons français en classe.
3. Mon meilleur ami est gêné quand il ne peut pas répondre aux questions du professeur. / Ma meilleure amie est gênée quand elle n'a pas fait ses devoirs.
4. Mon ami est stressé quand il a trop de travail. / Mon amie est stressée quand elle a trop d'examens.
5. Je suis stressé/e quand je dois parler devant la classe ou devant beaucoup de personnes.

7-38

1. c
2. a
3. d
4. b
5. e

7-39

1. noir
2. jouer
3. chouette
4. oui
5. puis
6. huit
7. saluer
8. la Suisse

7-40

Answers will vary.

7-41

1. a
2. a
3. b
4. a
5. b
6. a

7-42

1. nous téléphonons
2. vous intéressez
3. se rappelle
4. s'ennuient
5. s'entendent
6. te fâches

7-43

Answers will vary but may include:

1. Mon père se fâche quand je prends sa voiture et je ne fais pas attention.
2. Mon prof de français s'énerve quand nous parlons anglais / quand nous ne faisons pas nos devoirs.
3. Mes amis s'amusent quand ils sortent le week-end.
4. Nous nous embrassons quand je rentre à la maison pour le week-end ou pour les vacances.
5. Nous nous ennuyons quand nous ne pouvons pas sortir.
6. Je me dépêche quand je suis en retard pour mes cours.

7-44

1. Il s'amuse. / Il ne s'ennuie pas. / Il se dépêche.
2. Il se repose. / Il s'ennuie.
3. Il s'ennuie.
4. Il se fâche. / Il s'inquiète.
5. Il s'inquiète. / Il s'ennuie. / Il se fâche.

7-45

1. Ils voient
2. Elle voit
3. Vous voyez
4. Nous voyons
5. Tu vois
6. Je vois

7-46

1. c
2. f
3. b
4. d
5. a
6. e

7-47

1. crois qu', croit qu', croient qu'
2. crois qu', croyons qu', croit que
3. croit qu', croient que, croit qu'
4. crois que, croit qu', croient que

7-48
1. d
2. e
3. a
4. f
5. c
6. b

7-49

Answers will vary.

7-50
1. 1. c
2. e
3. a
4. b
5. d
2. 1. d
2. a
3. e
4. b
5. c

7-51

Answers will vary.

7-52

Answers will vary.

7-53
1. *Answers will vary.*
2. *Answers may vary. Possible answers:* Difficulties in speaking one language at home and another with friends; perhaps being embarrassed about the language spoken by her parents, or being with her parents in public.

7-54
1. early in the morning
2. on foot
3. dreamy, happy, optimistic
4. her mother's mood
5. mother was assertive, demanded help in French, often met a neighbor, had pleasant conversations
6. spoke English from the start with lots of gestures, sometimes had serious misunderstandings

7-55

Answers will vary.

7-56
1. a. le 14 juillet
   b. la prise de la Bastille en 1789
   c. un défilé militaire ; des feux d'artifice ; un bal ; des spectacles
2. a. le 24 juin
   b. la fête de St-Jean-Baptiste
   c. un défilé de Géants ; des feux d'artifice ; un bal ; des spectacles

7-57

Answers will vary but will include:
Le Mali
1. Bamako
2. Amadou Toumain
3. le franc CFA
4. le français, le bambara, l'arabe, d'autres langues africaines
5. se promener au bord du Niger, visiter la mosquée à Tombouctou, visiter la vieille capitale
Le Maroc
1. Rabat
2. le roi Mohammed VI
3. le dirrham
4. l'arabe, le berbère, le français
5. visiter la mosquée à Casablanca, visiter les souks...

7-58
1. four
2. a. her parents, her younger brother
   b. Fadoua
   c. her older sister
3. her father
4. having a large family, wearing traditional colorful clothing for family gatherings

7-59

Answers will vary but should include:
1. Military flyover and parade, flags, fireworks
2. Brides and grooms on church steps or signing documents, family photos
3. Bottles and snacks on table
4. Church interior and priest with parishioners
5. Girl reading decorated card
6. Answers will vary.

7-60

Answers will vary.

7-61
1. b
2. b
3. b
4. c
5. a
6. b

7-62

Answers will vary.

Chapitre 8 : Activités par tous les temps

8-1
1. d
2. b
3. c
4. f
5. a
6. e

8-2

1. d
2. f
3. a
4. e
5. c
6. b

8-3

1. d
2. a
3. c
4. f
5. b
6. e

8-4

1. Il y a du brouillard et du verglas.
2. Il fait froid et il gèle.
3. Il y a beaucoup de vent.
4. Le ciel est couvert et il neige.
5. Il y a des nuages mais il ne pleut pas.
6. Il fait très chaud.

8-5

1. c
2. f
3. a
4. e
5. b
6. d

8-6

1. jeter
2. une leçon
3. une chemise
4. retourner
5. premier
6. infirmerie

8-7

1. une boulang*é*rie
2. un m*e*lon
3. une om*é*lette
4. un r*e*pas
5. la charcut*é*rie
6. un m*e*nu

8-8

1. logique
2. illogique
3. illogique
4. logique
5. illogique
6. logique

8-9

1. Quelle
2. Quels
3. Quelles
4. Quel
5. Quelle
6. Quel

8-10

1. lequel
2. quelles
3. Lesquels
4. Quel
5. Quelle
6. Quelle

8-11

1. d
2. e
3. a
4. f
5. c
6. b

8-12

1. e
2. c
3. a
4. f
5. b
6. d

8-13

1. a
2. a
3. b
4. a
5. b
6. b

8-14

1. Il est nécessaire / Il est utile / Il est important ; Il ne faut pas ; Il faut / Il vaut mieux
2. Il est nécessaire / Il est utile / Il est important ; il vaut mieux
3. Il faut ; Il est utile / Il est nécessaire / Il est important
4. Il ne faut pas ; Il est utile / Il est nécessaire / Il est important ; il faut
5. Il faut / Il vaut mieux ; Il est important / Il est utile / Il est nécessaire

8-15

1. b
2. b
3. a
4. c
5. b
6. c

8-16

Selected items: Il pleut., Le ciel est couvert., Il y a du vent., Il fait 10 degrés., Le ciel est gris., Il gèle.

8-17

1. a. Il y a du vent.
   b. Il fait assez frais.
   c. Le ciel est couvert.
   d. Il y a du soleil.

2. a. 12°C
   b. 8°C
   c. 16°C
   d. 19°C

8-18

Answers will vary.

8-19

Answers will vary.

8-20

1. c
2. f
3. d
4. a
5. b
6. e

8-21

1. b
2. a
3. c
4. b
5. c

8-22

1. à la plage : faire de la planche à voile
2. à la montagne : faire du cheval / à la campagne : faire du cheval
3. à la montagne : faire des randonnées / à la campagne : faire des randonnées
4. en ville : visiter les musées ou les monuments
5. en ville : faire des achats / en ville : faire des achats avec mes amies / en ville : faire des achats avec mes amis

8-23

1. billet
2. montagne
3. océan
4. destination
5. camping
6. carte postale
7. pêche
8. projets

8-24

1. f
2. a
3. g
4. b
5. d
6. e
7. c

8-25

1. Avec qui est-ce que
2. Qu'est-ce qu'
3. Qu'est-ce que
4. Avec quoi est-ce que
5. Qui est-ce que
6. Avec qui est-ce que

8-26

1. c
2. e
3. d
4. a
5. f
6. b

8-27

1. Avec qui est-ce que tu as fait du ski ?
2. Qui a fait du ski aussi ? / Qui a fait du ski avec toi ?
3. Qu'est-ce qu'elle a décidé ?
4. Qui est-ce que vous avez vu ?
5. De quoi est-ce qu'il a parlé ? / De qui est-ce qu'il a parlé ?

8-28

1. ne le connaît pas / le connaît
2. ne le connaissent pas / le connaissent
3. les connaissons / ne les connaissons pas
4. le connais / ne le connais pas / la connais / ne la connais pas
5. ne le connaît pas / le connaît / ne la connaît pas / la connaît
6. ne le connais pas / le connais

8-29

1. logique
2. illogique
3. logique
4. logique
5. logique
6. illogique

8-30

1. c
2. e
3. g
4. b
5. a
6. d
7. f

8-31

1. connais des chanteurs français
2. sais parler anglais
3. connais une personne célèbre
4. sais faire du ski nautique
5. connais le président de ton pays
6. sais faire du cheval

8-32

Answers will vary.

8-33

1. Il a fait froid. ; On a fait des achats en ville.
2. Il a fait un soleil éclatant. ; Il y a eu un orage. ; Nous sommes allés à la plage pour nager. ; Nous avons dû retourner à l'hôtel.
3. Il a fait mauvais. ; On a joué aux cartes à l'hôtel.
4. Le ciel était bleu et le soleil brillait. ; Nous sommes rentrés à Paris.

8-34

Answers will vary.

8-35

Answers will vary.

8-36

1. c
2. d
3. f
4. a
5. b
6. e

8-37

1. a
2. b
3. b
4. a
5. c
6. b

8-38

1. a
2. b
3. a
4. a
5. a
6. a

8-39

Answers will vary.

8-40

1. un–harmonica
2. un **h**amburger
3. un **h**omard
4. des–huîtres
5. des **h**aricots
6. des–habits

8-41

Answers will vary.

8-42

1. Tu pourrais
2. Tu pourrais
3. Tu pourrais
4. Vous pourriez
5. Tu pourrais
6. Vous pourriez

8-43

1. suggestion
2. ordre
3. suggestion
4. suggestion
5. ordre
6. ordre

8-44

1. a, c
2. b, c
3. a, b
4. a, b
5. a, c
6. b, c

8-45

1. pourrait
2. devraient
3. pourraient
4. devriez
5. voudrais
6. devrait

8-46

1. logique
2. illogique
3. logique
4. logique
5. illogique
6. illogique

8-47

1. ne, rien
2. ne, jamais
3. ne, jamais
4. ne, personne
5. n', jamais
6. ne, personne

8-48

1. quelque chose
2. quelque chose
3. quelqu'un
4. quelqu'un
5. quelqu'un
6. quelquefois

8-49

1. quelquefois
2. quelque chose
3. quelquefois
4. quelqu'un
5. quelqu'un
6. quelque chose

8-50

Answers will vary but may include: where to go, the place to meet, the type of activity, how much it will cost, a phone number to call back

8-51

1. a. un festival de cinéma en plein air
   b. 22 h 00
   c. 6 euros
2. a. une pièce de théâtre
   b. 21 h 30
   c. 25 euros
3. a. écouter un trio de jazz
   b. 21 h 00
   c. 5 euros

8-52

Answers will vary.

8-53

Answers will vary.

8-54

la couleur verte, la pluie, le vent, les jeunes animaux, les fleurs

8-55

1. b
2. d
3. c
4. c
5. c
6. a, d
7. b
8. a
9. b

8-56

Answers will vary.

8-57

1. c
2. a
3. d
4. f
5. g
6. e
7. b

8-58

Answers may vary, but should include:
1. **Martinique**
   Situation géographique : dans les Antilles françaises
   Climat : tropical, il fait chaud et humide
   Chef-lieu : Fort-de-France
   Population : environ 400 000
   Langues : français (officielle), le créole
   Économie : agriculture, tourisme
2. **La Guyanne**
   Situation géographique : en Amérique du Sud, près du Brésil et du Suriname
   Climat : équatorial, il pleut souvent
   Chef-lieu : Cayenne
   Population : environ 199 500
   Langues : français (officielle), le créole
   Économie : Kourou, le centre spatial français, la pêche, les forêts

8-59

Selected items: danser, faire du bateau, faire du bronzage, faire une course de chiens en traîneau, faire de la luge, faire de la natation, faire de la pêche, faire des promenades, faire du shopping, faire une

visite touristique, goûter des spécialités régionales, jouer aux boules

8-60

1. *Answers will vary but may include:* It is located in the south of France, on the Mediterranean Sea; The Cannes Film Festival is held there; It is a favorite tourist destination.
2. *Answers may vary. Possible answers:*
   a. It's near the ocean and the mountains.
   b. The weather is beautiful.
   c. Nice is a beautiful city.
3. *Answers will vary.*

8-61

1. *Answers will vary but may include:* It's very cold; There is a lot of snow in winter; People speak French there; Some people in Québec wish to be independent of Canada.
2. *Answers may vary. Possible answers:* Montréal, Québec, Chicoutimi

8-62

1. *Selected answers:* la Gaspésie ; l'île Bonaventure ; le Rocher Percé ; la région de Montréal ; la région de Québec
2. *Selected answers:* C'est très beau. ; On peut nager. ; On peut aller à la pêche. ; On peut faire du bateau ; On peut observer la nature.
3. *Selected answer:* beauty

8-63

Answers will vary.

Chapitre 9 : Voyageons !

9-1

1. l'avion ; en bateau
2. l'avion ; en voiture 4X4 / en minibus ; en minibus / en voiture 4X4
3. l'avion ; en car / en taxi / en voiture / en voiture 4X4 / en minibus
4. l'avion ; en voiture / en voiture 4X4 / en minibus
5. l'avion ; en car / en voiture / en taxi
6. l'avion ; à vélo / à pied / en bateau ; à vélo / à pied / en bateau

9-2

1. en bateau
2. le train
3. en avion
4. à moto
5. le métro
6. une voiture

9-3

1. prend le métro / prend le car / prend un car / prend le bus / prend un bus / prend le train / prend un train / prend un vélo / prend son vélo
2. prennent la voiture / prennent une voiture / prennent un avion / prennent l'avion / prennent un train / prennent le train

3. prend le taxi / prend un taxi / prend le métro / prend le bus / prend un bus
4. prend sa moto / prend la moto / prend une moto
5. à pied / à vélo

9-4
1. dans la valise
2. dans le sac à dos
3. dans la valise
4. dans la valise
5. dans le sac à dos
6. dans le sac à dos
7. dans le sac à dos
8. dans la valise
9. dans le sac à dos
10. dans le sac à dos

9-5
1. b
2. a
3. f
4. c
5. d
6. e

9-6
1. a
2. b
3. a
4. a
5. b
6. b

9-7
Answers will vary.

9-8
1. c'est moins sûr
2. c'est sûr
3. c'est moins sûr
4. c'est sûr
5. c'est moins sûr
6. c'est sûr

9-9
1. voyageront
2. serons ; aurons
3. habiterons / travaillerons / serons
4. saurai
5. fera
6. sera

9-10
1. téléphonerai
2. irons
3. chercherez
4. ferons
5. descendront
6. appellera

9-11
Answers will vary.

9-12
1. à la piscine / à la plage / au lac / au bord de la mer / à la rivière
2. à Paris / en France
3. à la banque
4. à Disneyland / à Disney World / à Disneyland Paris
5. au stade / au terrain de sport / au parc
6. au restaurant / au café / chez des amis
7. à Montréal / à Ottawa / à Québec
8. à la fac / à l'université / au bureau / à la maison

9-13
1. d
2. c
3. e
4. f
5. b
6. h
7. g
8. a

9-14
1. j'y allais
2. n'y est pas allé / n'y est jamais allé
3. Je vais y passer / Je vais y aller
4. ils y ont passé
5. Je vais y dîner
6. J'y vais

9-15
1. on y reste
2. on y passe
3. j'y suis, allé/allée
4. il y passe / l'avion y passe
5. j'y vais

9-16
Selected items: un passeport, une carte de crédit, un porte-monnaie

9-17
1. *Selected items:* un appareil numérique, des lunettes de soleil, un plan de la ville, un porte-monnaie
2. a, c, e

9-18
Answers will vary.

9-19
Answers will vary.

9-20
1. le Sénégal / le Cameroun ; le Cameroun / le Sénégal
2. la Chine / le Japon ; le Japon / la Chine
3. la Colombie / l'Argentine ; l'Argentine / la Colombie
4. la Suisse / l'Allemagne ; l'Allemagne / la Suisse
5. la France / la Belgique ; la Belgique / la France

9-21

1. Mexique
2. Portugal
3. Allemagne
4. Japon
5. Argentine
6. Côte-d'Ivoire

9-22

O	N	E	I	M	A	N	T	E	I	¹V	T
E	A	X	H	F	C	V	A	R	D	H	S
L	⁵C	A	M	E	R	O	U	N	A	I	S
E	P	E	Z	I	P	T	T	Z	V	C	P
N	H	I	K	E	G	L	E	³B	A	G	⁴C
I	B	Y	U	C	G	D	L	G	H	B	H
A	B	⁷P	O	R	T	U	G	A	I	S	I
C	S	I	A	D	N	A	L	R	E	É	⁸N
O	K	E	O	W	J	P	K	N	T	J	O
R	A	K	K	P	S	S	A	P	R	B	I
A	U	H	Q	P	H	H	W	S	W	U	S
²M	S	N	E	I	L	I	S	É	R	⁶B	U

9-23

1. a
2. b
3. b
4. a
5. b
6. a

9-24

1. dernier
2. grand
3. huit
4. vieux
5. gros
6. les autres
7. petit
8. mon
9. un
10. prochain

9-25

Answers will vary.

9-26

1. en Asie
2. en Amérique du Nord
3. en Europe / d'Europe / européen
4. en Amérique du Sud / d'Amérique du Sud / en Amérique latine / d'Amérique latine
5. en Afrique / d'Afrique / africain

9-27

1. en, en, en, au, aux
2. au, en
3. au, au, en, aux
4. au, au, au, en

9-28

1. a
2. a
3. b
4. b
5. a
6. b

9-29

1. au Canada
2. en Italie
3. au Japon
4. en Argentine
5. en Inde
6. au Cameroun

9-30

1. 1+
2. 1+
3. 1
4. 1+
5. 1
6. 1
7. 1
8. 1+

9-31

1. reviennent de France
2. revient d'Allemagne
3. revenons du Sénégal
4. reviennent de Chine
5. reviens du Canada / reviens de Québec / reviens du Québec

9-32

1. vient de jouer / vient de faire
2. viennent de manger / viennent d'aller / viennent de dîner
3. viennent d'acheter
4. viennent de manger / viennent de commander / viennent de prendre / viennent d'acheter
5. vient de faire

9-33

1. Il revient
2. Tu deviens
3. Le taxi vient
4. Nos amis viennent
5. Je viens
6. Nous revenons

9-34

Answers will vary.

9-35

1. la Tunisie, l'Italie, la Martinique
2. a. Christophe : la Tunisie
   b. Estelle : l'Italie
3. a. Christophe : Il aime les pays exotiques., Il veut sortir de sa routine.
   b. Estelle : Elle adore les musées et l'histoire., Elle aime ce pays parce qu'il est romantique.

9-36

Answers will vary.

9-37

Answers will vary.

9-38

1. d
2. a
3. e
4. b
5. c

9-39

1. a
2. e
3. c
4. f
5. d
6. b

9-40

1. à droite, la gauche
2. prenez, jusqu'au, tournez, au coin du
3. prenez, jusqu'au, à droite, continuez, la droite
4. prenez, jusqu'au, tournez, tout droit, à gauche, au coin de
5. prenez, jusqu'au, tournez, au coin du, en face du

9-41

1. a
2. b
3. a
4. b
5. b
6. a

9-42

1. qui
2. où
3. qui
4. qui
5. où
6. qui

9-43

1. d
2. a
3. f
4. b
5. c
6. e

9-44

Answers will vary.

9-45

1. où on construit des avions
2. qui a beaucoup de cathédrales / où il y a beaucoup de cathédrales
3. qui ont une piscine à Toulouse
4. qui a le métro depuis quinze ans / où il y a le métro depuis quinze ans / qui a le métro depuis 15 ans / où il y a le métro depuis 15 ans
5. qui est très grand
6. qui a beaucoup de musées / où il y a beaucoup de musées

9-46

1. a préparé
2. a réservés
3. a trouvée
4. a faites
5. a trouvé
6. ont achetées

9-47

1. qui
2. que
3. que
4. qui
5. que

9-48

1. a
2. b
3. a
4. a
5. b
6. a

9-49

Answers will vary but may include:
1. La ville étrangère que je préfère est…
2. La ville que je voudrais visiter est…
3. Les langues étrangères que je comprends sont…
4. La langue étrangère que je voudrais apprendre est…
5. La personne que j'admire le plus est…

9-50

Answers will vary.

9-51

1. b
2. a, b
3. b, c
4. a, c

9-52

Answers will vary.

9-53

Answers will vary.

9-54

Selected words: Afrique ; secret ; vastes ; solitudes ; moderne ; énigme

9-55

1. a, c
2. b
3. b, c
4. a
5. d
6. a, d
7. c
8. b

9-56

Answers will vary but may include:
1. To avoid all the dangers that he could encounter traveling on land, he wants to go by air; the difficulty comes with the maneuvering of an airship; one cannot be sure where it will go.
2. By boat, by horse, walking on foot; fevers and diseases, animal attacks, attacks by native tribes, heat exhaustion, accidents

9-57

1. c
2. j
3. e
4. g
5. d
6. i
7. a
8. k
9. b
10. h
11. f

9-58

Answers will vary but may include:
1. sur le Quai Francois-Mauriac dans le sixième arrondissement
2. On peut y aller en bus (lignes 89, 62 et 132) et en métro ou en RER.
3. Les personnes qui ont plus de 16 ans peuvent travailler dans la Bibliothèque d'étude. La Bibliothèque de recherche est réservée aux personnes qui font de la recherche et qui ont au moins 18 ans. On doit payer pour entrer dans les salles de lectures des deux parties de la bibliothèque.
4. Il y a une visite d'une heure et quart pour découvrir l'histoire et l'architecture de cette bibliothèque. La visite a lieu du mardi au samedi à 14 heures et le dimanche à 15 heures.
5. Cette bibliothèque est assez extraordinaire. Il y a quatre grandes tours qui ressemblent un peu à des livres. Il y a aussi un jardin avec beaucoup d'arbres qui sont au milieu. Le jardin est en bas et on ne peut pas le voir très bien sur les images.
6. *Answers will vary.*

9-59

Answers will vary but may include:
1. De Paris, on peut prendre le RER (ligne C), un train SNCF de la Gare St-Lazare ou un bus (ligne 171). On peut y aller en voiture aussi par l'autoroute A-13.
2. Le château est ouvert du mardi au dimanche. Du mois d'avril au mois d'octobre, c'est ouvert de 9 h à 18 h 30 ; du mois de novembre au mois de mars, c'est ouvert de 9 h à 17 h 30.
3. C'est gratuit pour les enfants (moins de 18 ans). Le tarif réduit, c'est 10,00 € et le tarif normal, 13,50 €.
4. On peut visiter le château, le parc et les jardins et le Grand et le Petit Trianon.
5. On peut faire un pique-nique ou manger quelque chose au café ou au buvette. Il y a aussi quelques restaurants. Bien sûr, il y a aussi des restaurants et des cafés dans la ville de Versailles.

9-60

1. On prend le métro pour aller à la gare.
2. On achète un billet.
3. On attend l'arrivée du train.
4. Le contrôleur vérifie les billets.
5. On fait ses devoirs.
6. On prend un casse-croûte.
7. On regarde les beaux paysages.
8. Le train entre en gare.
9. On descend du train.
10. On sort de la gare.

9-61

1. c
2. d
3. a
4. b

9-62

Answers will vary but might include: foreigners might be more impressed than natives at famous sights.

9-63

1. b
2. c
3. b
4. b
5. a, b

9-64

Answers will vary. Possible answers:
1. **l'Arc de Triomphe**: Marie thought it was pretty, but Marie-Julie noticed primarily that the French drove like madmen around it.
2. **la tour Eiffel**: Its beauty exceeded Marie's expectations, but Marie-Julie had imagined it to be more beautiful than it really was.

Chapitre 10 : La santé et le bien-être

10-1
1. aux yeux / à la tête
2. au ventre / au cœur
3. aux pieds / aux jambes
4. aux genoux / à la jambe / au dos / aux bras / au bras / aux pieds / au pied / à la cheville
5. aux oreilles / à la tête

10-2
1. c
2. e
3. a
4. d
5. f
6. b

10-3
1. en forme
2. en forme
3. pas en forme
4. pas en forme
5. en forme
6. pas en forme

10-4
1. d
2. f
3. e
4. a
5. c
6. b

10-5
1. le cousin
2. un désert
3. la casse
4. des poisons
5. ils sont
6. décider
7. la base
8. nous avons

10-6
Answers will vary.

10-7
1. essentiel
2. recommandé
3. essentiel
4. essentiel
5. essentiel
6. recommandé

10-8
1. qu'il dorme
2. que vous travailliez / que nous travaillions
3. qu'ils mangent / qu'ils prennent
4. qu'elle finisse
5. que vous choisissiez / que nous choisissions

10-9
1. a
2. b
3. b
4. a
5. a
6. b

10-10
1. que tu prépares
2. que tu appelles
   que tu l'appelles
3. que tu rendes
4. que tu finisses
5. que tu sortes

10-11
1. sois
2. fasse
3. puisses
4. sache
5. soyons
6. pleuve

10-12
1. que vous respectiez
2. que vous soyez
3. que vous fassiez
4. que vous ayez
5. que vous sachiez
6. que vous puissiez

10-13
1. soit à l'heure
2. ne pleuve pas
3. ayez
4. sachent
5. puisse
6. soyez debout
7. fassiez attention
8. fassions la hola

10-14
1. fasse de l'exercice
2. soyons en bonne santé
3. puisses bien dormir
4. aies des bonnes habitudes
5. sachions bien travailler
6. soyez raisonnable

10-15
Answers will vary but might include: Je fais de l'exercice. Je ne bois pas d'alcool. Je mange des repas équilibrés.

10-16
1. b
2. a, c
3. b, c
4. b

10-17
Answers will vary.

10-18

Answers will vary.

10-19
1. bon
2. mauvais
3. mauvais
4. bon
5. mauvais
6. bon

10-20
1. e
2. c
3. a
4. f
5. d
6. b

10-21
1. protéger la Terre
2. protéger la Terre
3. détruire la planète
4. protéger la Terre
5. protéger la Terre
6. détruire la planète
7. détruire la planète
8. protéger la Terre
9. protéger la Terre
10. détruire la planète

10-22
1. b
2. f
3. a
4. c
5. d
6. e

10-23
1. gn
2. n
3. gn
4. g
5. gn
6. n
7. g
8. gn

10-24

Answers will vary.

10-25
1. volonté
2. obligation
3. obligation
4. volonté
5. obligation
6. obligation

10-26
1. puissent
2. soit
3. fassent
4. aient
5. fasse
6. choisissent

10-27
1. fasse du bruit
2. brûle
3. arrête de fumer
4. fasse attention
5. écoutions
6. fassent du covoiturage

10-28
1. veux, sois
2. souhaite, finisses
3. veux, aies
4. exige, te couches
5. préfère, répondes
6. veux, restes

10-29
1. buviez
2. aille
3. appelions
4. doives
5. essayions
6. prennes

10-30
1. que vous appeliez les copains
2. que tu achètes du vin et de la bière
3. que tu fasses un gâteau au chocolat
4. que tu sois à l'heure
5. que nous nettoyions l'appartement

10-31
1. veuillent
2. prenne
3. boivent
4. viennent
5. aille
6. nettoie

10-32
1. prennent
2. vienne
3. alliez
4. deviennent
5. puisse
6. nettoyiez

10-33

Answers will vary.

10-34
1. b, c, d
2. b
3. b, d

10-35

Answers will vary.

10-36

Answers will vary.

10-37

1. un bureau de vote
2. une association humanitaire
3. protester
4. une réduction
5. le bénévolat
6. estimer

10-38

1. élir
2. manifestation
3. grève
4. inscrire
5. bénévole
6. candidat
7. mandat

10-39

1. d
2. e
3. a
4. f
5. c
6. b

10-40

1. logique
2. logique
3. illogique
4. logique
5. illogique
6. logique

10-41

1. regret / déception
2. bonheur
3. déception / regret
4. bonheur
5. surprise
6. surprise

10-42

1. ne venions pas
2. arriviez
3. ne puissions pas
4. soit en retard
5. habitiez
6. n'ait pas

10-43

1. qu'on ne puisse pas
2. que nous ayons / qu'on ait
3. qu'elle soit / que sa colocataire soit
4. qu'elle vienne / que ta chanteuse préférée vienne
5. qu'il coûte / que le recyclage coûte
6. que nous ayons / qu'on ait

10-44

1. e
2. a
3. d
4. f
5. c
6. b

10-45

1. certitude
2. doute
3. doute
4. certitude
5. doute
6. certitude

10-46

1. devons
2. ayons besoin de
3. peux
4. sois
5. puisse
6. réussissions

10-47

1. fassent
2. ait
3. aillent
4. puisse
5. devienne / soit
6. soient / deviennent

10-48

1. a
2. a
3. b
4. b
5. a
6. b

10-49

Selected items: un candidat, une liste électorale, un mandat, se mobiliser, voter

10-50

1. b, d
2. c
3. b, c
4. a, b
5. c

10-51

Answers will vary.

10-52

Answers will vary.

10-53

1. *Answers will vary but may include:* migration of animals, disappearance of vegetation, more traffic, more pollution.

2. *Answers will vary but may include:* tools disappearing, people missing, work done during the day being undone during the night, inexplicable delays.

10-54
1. a, b, d
2. a, c, d, e
3. d
4. a, c, d
5. a, c

10-55
1. *Answers will vary but may include:* Wood'stown is a town made of wood but it is also the town belonging to the woods.
2. *Answers will vary but may include:* Nature is taking over the town and people cannot fight it.

10-56

Answers may vary. Possible answers:
1. le tournesol (*sunflower*)
2. le tournesol (*sunflower*) et des étoiles (*stars*)
3. a. 1974–1983
   b. les débuts de l'écologie politique
4. a. 1984–1988
   b. naissance et consolidation des Verts
5. a. 1989–2010
   b. les Verts deviennent une force politique majeure

10-57

Answers will vary.

10-58

Answers may vary. Possible answers:
1. C'est une île dans l'océan Indien
2. Il y a des forêts humides et un désert dans le sud
3. Antanarivo
4. 18 millions
5. le malgache, le français
6. les lémuriens, beaucoup d'oiseaux, il y a des réserves spéciales
7. les randonnées, la plongée, le rafting, la planche à voile

10-59
1. a, b, d
2. a, c, d
3. b, c, d

10-60
1. *Selected items:* les déchets domestiques, les déchets industriels, les graffitis, les motos, les pigeons, le recyclage
2. a. P
   b. P
   c. P
   d. P
   e. S
   f. S
   g. S

10-61

Answers will vary but may include:
1. l'eau, la forêt, les animaux
2. le papier, le plastique, le verre

10-62
1. a, b, c
2. b
3. b
4. a, b, c
5. a
6. c

10-63

Answers will vary.

Chapitre 11 : Quoi de neuf ? cinéma et médias

11-1
1. c
2. e
3. a
4. f
5. b
6. d

11-2
1. a
2. c
3. b
4. c
5. b
6. a

11-3
1. un film d'horreur
2. un documentaire
3. un film d'aventures
4. un film historique
5. une comédie
6. un film d'espionnage

11-4
1. un film d'espionnage
2. une comédie
3. un dessin animé
4. une comédie musicale
5. un film de science-fiction
6. un film d'horreur

11-5
1. te ; venir
2. Je
3. ne ; le
4. que ; ne
5. te ; de

11-6

Answers will vary.

11-7

1. e
2. a
3. f
4. c
5. d
6. b

11-8

1. j'adorais
2. j'ai décidé
3. j'ai participé
4. Je travaille
5. je trouverai
6. je deviens

11-9

1. a, c
2. c, d
3. a, b
4. b, c, d
5. c, d
6. a, c

11-10

1. c
2. e
3. f
4. a
5. b
6. d

11-11

1. pendant
2. pendant
3. pour
4. pendant
5. pour
6. pendant

11-12

1. durée définie
2. durée définie
3. durée prévue
4. durée définie
5. durée prévue
6. durée définie

11-13

1. en
2. dans
3. dans
4. en
5. en
6. dans

11-14

1. point dans l'avenir
2. durée de réalisation
3. durée de réalisation
4. point dans l'avenir
5. durée de réalisation
6. durée de réalisation

11-15

Answers will vary.

11-16

1. b, e
2. a, b, d
3. c
4. a, c, d, e

11-17

Answers will vary.

11-18

Answers will vary.

11-19

1. c
2. e
3. a
4. f
5. b
6. d

11-20

1. télécharger
2. imprimante
3. moniteur
4. retoucher
5. échanger
6. webcam
7. clavier
8. essayer

11-21

1. a
2. b
3. b
4. a
5. a
6. b

11-22

1. un graveur / un graveur CD
2. un baladeur MP3 / un lecteur CD
3. un écran / un écran plat / un moniteur / un moniteur à écran plat
4. un scanner / une imprimante / une imprimante multifonction
5. un mail / un message instantané
6. une imprimante / une imprimante multifonction

11-23

1. b
2. a
3. a
4. b
5. b
6. a

11-24

Answers will vary.

11-25
1. réalité
2. réalité
3. rêve
4. rêve
5. rêve
6. réalité

11-26
1. je passerais du temps
2. je sortirais avec des amis
3. je lui parlerais
4. je lui prêterais
5. je n'irais pas avec lui
6. je mangerais comme vos parents

11-27
1. Je ferais
2. Il visiterait / Elle visiterait
3. Ils achèteraient
4. Ils donneraient
5. Nous mangerions / On mangerait
6. Il partirait / Elle partirait

11-28
1. elle n'arriverait pas
2. ils viendraient
3. elle serait
4. il attendrait
5. tu n'achèterais pas
6. nous pourrions

11-29
1. a
2. b
3. b
4. a
5. b
6. a

11-30
1. c
2. e
3. b
4. a
5. f
6. d

11-31
1. Après avoir
2. Après avoir
3. Après être
4. Après être
5. avant de
6. Avant de
7. Après avoir
8. Avant de

11-32
1. après avoir eu
2. avant d'aller
3. avant de partir

4. après avoir appelé
5. avant de jouer
6. après avoir lu

11-33
a

11-34
1. Burkina Faso, Canada, République démocratique du Congo, France, Sénégal
2. des jeux, des démonstrations dans les écoles, des installations de cybercafés, des téléconférences

11-35
Answers will vary.

11-36
Answers will vary.

11-37
1. d
2. f
3. a
4. e
5. b
6. c

11-38
1. Santé *Magazine*
2. *Fleurs, plantes et jardins*
3. *Le Chien magazine*
4. *Auto passion*
5. *Les cahiers du cinéma*
6. *L'Équipe*

11-39
1. un livre sur le recyclage en Europe
2. le dernier livre de Martha Stewart
3. un livre d'images
4. un abonnement à un mensuel féminin
5. un roman historique
6. un dictionnaire

11-40
1. Les atlas
2. Les livres d'histoire / Les encyclopédies
3. Les bandes dessinées
4. Les encyclopédies
5. Les romans
6. Les biographies
7. Les journaux

11-41
1. tu cherches / tu chercheras
2. tu peux / tu pourras
3. tu prends / tu prendras
4. tu demandes / tu demanderas
5. tu allumes / tu allumeras ; tu utilises / tu utiliseras

11-42
1. elle achèterait / Marie achèterait
2. il irait / mon frère irait
3. ils visiteraient / mes parents visiteraient
4. je, donnerais
5. elle ferait / ma petite sœur ferait / ma sœur ferait

11-43

1. nous pourrions
2. nous achèterions
3. Demande
4. ils ne comprendront pas
5. tu arriverais
6. on aurait

11-44

1. c
2. a
3. d
4. f
5. b
6. e

11-45

1. depuis 2005
2. depuis 12 ans
3. depuis 15 ans
4. depuis 1989
5. depuis le mois d'août
6. il y a 5 ans

11-46

1. b
2. a
3. b
4. a
5. b

11-47

Answers will vary, but may include:

1. Je suis à la fac depuis…
2. J'habite dans la région depuis…
3. Je connais mon/ma colocataire depuis…
4. Il y a… que je travaille à la librairie du campus.
5. J'étudie le français depuis…

11-48

1. logique
2. illogique
3. logique
4. illogique
5. logique
6. logique

11-49

Answers will vary.

11-50

1. a. des magazines féminins ; des romans sentimentaux
   b. un quotidien sportif ; le programme télé
   c. un quotidien régional ; un magazine
2. a. elle veut s'informer des problèmes de société ; elle est romantique
   b. il est fan de sport
   c. elle est curieuse ; elle veut tout savoir sur les vedettes de cinéma

11-51

Answers will vary.

11-52

Answers will vary.

11-53

Answers will vary.

11-54

1. a
2. c
3. c
4. b
5. b

11-55

Answers will vary, but may include:
Inquiétude chez les éditeurs d'encyclopédie ; Wikipédia : un danger pour les encyclopédies traditionnelles

11-56

Answers will vary, but may include:

1. longs métrages, courts métrages, documentaires, films de la diaspora, séries et sitcoms, fiction TV/vidéo
2. Afrique du Sud, Algérie, Bénin, Centrafrique, Egypte, Maroc, Tunisie
3. L'étalon de Yennenga
4. C'est une guerrière, armée d'une lance, sur un cheval.
5. Une enveloppe de dix millions de francs CFA, environ 15 251 euros

11-57

Answers will vary, but may include:

1. En Afrique de l'Ouest, à côté du Niger, Bénin, Togo, Ghana, la Côte d'Ivoire
2. Il y a 2 saisons : la saison sèche et la saison des pluies. En mars, avril et mai, il fait très chaud (jusqu'à 40° Celsius).
3. Ouagadougou
4. Régime présidentiel
5. 13.902.972
6. Le français
7. Le moté, le dioula
8. Le franc CFA

11-58

1. *Libération, Le Monde*
2. *Le Nouvel Observateur, Pariscope*
3. *Géo*
4. *Libération*

11-59

1. 1. b
   2. d
   3. a
   4. c
2. 1. b
   2. a
   3. d
   4. c

11-60

Answers will vary.

11-61

1. b, c
2. a, e
3. c
4. a, b, c, d
5. d

11-62

Answers will vary.

Chapitre 12 : Les beaux-arts

12-1

1. la trompette
2. la clarinette
3. la flûte traversière
4. le violoncelle
5. la guitare
6. le clavier

12-2

1. b, d
2. b, c, d
3. b, d
4. a, c, d
5. b, c, d

12-3

1. a
2. a
3. b
4. b
5. a
6. b

12-4

1. trio
2. opéra
3. représentation
4. orchestre
5. guitare
6. clavier
7. flûte
8. violoncelle

12-5

1. de
2. à
3. d'
4. de
5. de
6. à
7. à
8. de

12-6

1. a
2. b
3. a
4. b
5. a
6. a

12-7

1. d'
2. de
3. à
4. X
5. X
6. à
7. de
8. de
9. X
10. X
11. X
12. à

12-8

1. refuse d'apprendre
2. préfère jouer
3. arrête de suivre
4. continue à suivre
5. essaie de former
6. commence à apprendre
   commencera à apprendre

12-9

Selected items: MTV Awards, AMA, CMA, Grammy Awards.

12-10

1. a. un accordéon, une batterie, un clavier, une guitare basse, une guitare électrique
   b. une batterie, une guitare, un piano, un violon
2. a. pop rock
   b. pop française
3. a. à utiliser un instrument traditionnel dans un style de musique pop rock.,
      à gagner plusieurs Victoires cette année.
   b. de mettre un DVD dans le graveur pour enregistrer l'émission.

12-11

Answers will vary.

12-12

Answers will vary.

12-13

1. e
2. d
3. a
4. c
5. f
6. b

12-14

1. style
2. couleur
3. style
4. style
5. style
6. couleur

12-15

1. a
2. b
3. b
4. b
5. a
6. b

12-16

1. b
2. c
3. a
4. d
5. d
6. b

12-17

1. futur
2. passé
3. présent
4. futur
5. passé
6. présent

12-18

1. quitte, a quitté
2. il y a, il y aura
3. inaugure, a inauguré
4. fête, fêtera
5. meurt, est mort
6. peint, a peint

12-19

1. background information
2. action
3. background information
4. background information
5. action
6. action

12-20

1. était
2. faisait
3. trouvions
4. étaient
5. a inscrit
6. suis parti
7. était
8. préférait
9. a accepté

12-21

Answers will vary.

12-22

Answers will vary but may include:

1. a. le reflet du soleil sur l'eau et jeux de lumière
   b. la vie et le travail des paysans pour thème, des couleurs sombres
   c. des couleurs vives et formes géométriques
2. a. l'impressionnisme
   b. le réalisme
   c. le cubisme

12-23

Answers will vary.

12-24

Answers will vary.

12-25

Answers will vary.

12-26

1. c
2. b
3. a
4. c
5. b
6. c

12-27

1. logique
2. logique
3. illogique
4. logique
5. logique
6. illogique

12-28

1. être fanatique de
2. planifier
3. un chef-d'œuvre
4. risquer de
5. se faire un petit plaisir
6. un spectacle

12-29

1. b
2. c
3. c
4. a
5. a
6. b

12-30

1. la lui
2. y en
3. les leur
4. leur en
5. lui en
6. y en

12-31

1. b
2. d
3. f
4. c
5. e
6. a

12-32

1. les lui
2. les leur
3. leur en
4. y en
5. la lui
6. leur en

12-33

Answers will vary.

12-34

1. a. propose d'aller au théâtre.
   b. déteste les peintres modernes.
2. a. propose de visiter l'exposition de Picasso.
   b. ne veut pas passer son week-end à pratiquer son anglais., veut se détendre.
3. a. propose d'assister à un ballet à l'opéra.
   b. ne veut pas rester chez elle ce week-end., a des tickets gratuits.

12-35

Answers will vary.

12-36

Answers will vary.

12-37

1. 1. e
   2. i
   3. j
   4. b
   5. g
   6. c
   7. h
   8. d
   9. a
   10. f
2. 1. c
   2. d
   3. a
   4. b

12-38

Answers will vary, but may include:

1. He says there are a lot of things to see—ancient artifacts and paintings—and that it is very educational. He also mentions that it is something that should be seen at least once.
2. The French gallery contains a string of small rooms filled with lots and lots of paintings in golden frames. The wedding party is overwhelmed and impressed.

3. a. everyone is speechless, awed
   b. Gervaise is ignorant (she asks what it is about)
   c. Coupeau finds family resemblances
   d. M. & Mme Gaudron are stupefied and awed
4. The gleaming wooden floor seems to be the main attraction. Monsieur Madinier wants to point out the gilded, painted ceiling, but the wedding party doesn't seem so interested in straining their necks.
5. The paintings seem to be about saints, men and women with inscrutable faces, and dark landscapes.

12-39

Answers will vary, but may include:

1. Given the lower-class, working background of the characters in late nineteenth-century France, it is not so surprising that they do not know the Louvre and have never been to the museum. The concept of devoting leisure time to the appreciation of fine art would be quite alien to them.
2. Their reactions reveal that they have not been exposed to the riches of the upper class, the aristocracy, and the former monarchy.
3. Visiting a museum can sometimes feel overwhelming, especially big museums like the Louvre. It can also be frustrating not to know the background and subject matter of the paintings you see.

12-40

1. a
2. b
3. c
4. b
5. c

12-41

Answers will vary.

12-42

1. a
2. b
3. c
4. a, b

12-43

1. b, c
2. a, c
3. a, b

12-44

Selected items: des artistes qui travaillent en plein air, des chanteurs, des concerts de rue, des concerts de musique classique, des danses africaines, une exposition au musée, un festival d'art, un joueur d'orgue de Barbarie, l'opéra, des pièces de théâtre, des spectacles en plein air